Poétiques de

la chanson traditionnelle

française

DOCUMENTS ET ÉTUDES SUR LES MŒURS, COUTUMES, CROYANCES,
LÉGENDES, CONTES, CHANSONS, LANGUE ET ARTS POPULAIRES

LES ARCHIVES DE FOLKLORE

recueils illustrés de traditions françaises d'Amérique publiés sous la direction de
LUC LACOURCIÈRE
professeur à l'université Laval

Nº 1 :   *Cahier collectif :* 7½ × 9½, 202 p., 2 in-texte en couleurs, 1 carte, 16 photographies, mélodies, 1946, broché, $4.

Nº 2 :   *Cahier collectif.* Hommage à Marius Barbeau. 7½ × 9½, 203 p., 1 in-texte en couleurs, 13 photographies, mélodies, 1947, broché, $4.

Nº 3 :   *Cahier collectif.* 7½ × 9½, 213 p., 1 photographie, dessins, mélodies, 1948, broché, $4.

Nº 4 :   *Cahier collectif.* 7½ × 9½, 168 p., 3 photographies, dessins, mélodies, 1949, broché, $4.

Nᵒˢ 5-6 : *Civilisation traditionnelle des Lavalois*, Sœur MARIE-URSULE. 7½ × 9½, 403 p., 1 carte hors-texte, 70 photographies, 6 dessins, 78 mélodies, 1951, broché, $8.50.

Nº 7 :   *Vieilles chansons de Nouvelle-France*, Russell Scott YOUNG. 7½ × 9½, 129 p., 10 dessins, mélodies, 1956, broché, $4.

Nº 8 :   *La Vie traditionnelle à Saint-Pierre (île d'Orléans)*, Nora DAWSON. 7½ × 9½, 190 p., 140 illustrations (photographies et dessins), 3 hors-texte en couleurs, 1960, broché, $7. Prix du Mérite de l'Association américaine pour l'histoire locale et nationale 1961.

Nº 9 :   *Étude linguistique de quatre contes folkloriques du Canada français*, James E. LA FOLLETTE. 7½ × 9½, 163 p., 1969, broché, $8.

Nº 10 :   *Placide-Eustache. Sources et parallèles du conte-type 938*, Germain LEMIEUX, S. J., 7½ × 9½, VIII – 216 p., 1 carte, mélodies, 1970, broché, $8.

(Suite à la fin du volume)

LES ARCHIVES DE FOLKLORE

17

Poétiques de
la chanson traditionnelle
française

ou
Classification de la chanson folklorique française

par

Conrad LAFORTE

QUÉBEC
LES PRESSES DE L'UNIVERSITÉ LAVAL
1976

La publication de cet ouvrage
a été possible grâce à une
subvention du Conseil
canadien de recherche
sur les humanités et
provenant de fonds
fournis par le Conseil
des arts du Canada.

© 1976 LES PRESSES DE L'UNIVERSITÉ LAVAL

Dépôt légal (Québec) 2e trimestre 1976
I.S.B.N. 0-7746-6661-7

AVANT-PROPOS

En 1953, avec l'encouragement et l'appui de M. Luc Lacourcière, de Mgr F.-A. Savard et de M. Marius Barbeau, nous avons commencé à cataloguer les chansons folkloriques françaises. Cette compilation bibliographique avait atteint vingt-cinq mille fiches lorsque nous avons décidé de publier, en 1958, *le Catalogue de la chanson folklorique française*. Nous ne l'avions fait que pour accommoder le Musée de l'homme du Canada alors dirigé par M. Jacques Rousseau : on désirait adopter la même classification pour les collections du musée.

Dans l'introduction de ce *Catalogue* nous exposions brièvement les principes d'une classification méthodique. Mais à ce moment-là, nous jugions prématuré de présenter une telle étude. Nous nous contentions donc d'une mise en ordre alphabétique des titres uniformes, ce qui permettait le regroupement de chaque version d'une même chanson sous un titre commun. Ce *Catalogue* conserve toujours son utilité pour l'identification des chansons folkloriques.

Depuis 1958, nous avons presque triplé le nombre des références: elles atteignent présentement soixante-dix mille fiches. C'est un instrument unique dans toute la francophonie pour l'étude comparée de la chanson folklorique. Aucun centre au Canada ni même en France n'a rassemblé autant de documents sur le sujet. Le fait d'avoir ainsi lu, identifié, classé et comparé plus de soixante mille textes de poésie populaire nous a donné une vue d'ensemble de la matière, nous permettant d'entreprendre ce qui n'était qu'esquissé théoriquement dans notre premier ouvrage : une classification méthodique. Et, tout en la développant systématiquement, elle a pris au fur et à mesure l'ampleur d'une initiation aux poétiques de la chanson traditionnelle française. C'est donc un traité poétique élémentaire que nous proposons. Cependant, sans exclure toute considération sur la musique, l'art d'Orphée n'est pas de notre compétence.

Bref, nous considérons les *Poétiques de la chanson traditionnelle* comme l'introduction au *Catalogue de la chanson folklorique française* qui paraîtra subséquemment. Les chansons y seront en effet présentées dans l'ordre méthodique des poétiques de tradition orale. Cette approche originale jettera une lumière nouvelle sur l'immense répertoire de la chanson folklorique.

Nous sommes redevables non seulement à ceux qui ont étudié et publié des études sur la chanson mais aussi à tous ceux qui en ont fait collection tant en Amérique qu'en Europe depuis les temps les plus reculés.

Une bourse du Conseil des arts du Canada nous a permis de poursuivre nos recherches dans les bibliothèques et les musées de Paris pendant dix mois (1964-1965). C'est avec émotion que nous avons consulté les livres rares que Jean-Baptiste Weckerlin et Patrice Coirault avaient collectionnés avec tant d'amour et que la Bibliothèque nationale de Paris met si aimablement à la disposition des chercheurs. Même si nous n'avons pu rencontrer Patrice Coirault, décédé en 1959, ses oeuvres nous ont assez marqué pour que nous puissions nous proclamer son disciple, sans avoir toutefois endossé toutes les idées du maître.

Nous avons eu l'avantage d'être invité par Mlle Carmen Roy au Musée national du Canada où, durant les étés de 1960 à 1962, nous avons fait l'inventaire et la classification des chansons de Marius Barbeau et de ses collaborateurs. Nous nous devons ici non seulement de remercier M. Marius Barbeau, mais de lui rendre hommage à titre de père des jeunes folkloristes canadiens, lui qui fut l'initiateur à la recherche et à l'enquête scientifique en folklore canadien-français.

Nos remerciements vont en outre à la Bibliothèque municipale de Montréal où nous avons classé et identifié les chansons recueillies par É.-Z. Massicotte.

Nous voulons aussi remercier le Musée des arts et traditions populaires de Paris où nous avons été si bien accueilli par le conservateur, M. Georges-Henri Rivière, la responsable des documents, Mlle Hélène Trémaud et la bibliothécaire.

Notre gratitude va à tous les collecteurs de chansons folkloriques qui ont mis à notre disposition, aux fins d'identification, toutes les chansons qu'ils avaient recueillies : M. François Brassard, musicien de Jonquière, le R. P. Germain Lemieux de la Société historique de Sudbury, le R. P. Anselme Chiasson de l'Université de Moncton, Mlle Geneviève Massignon du Centre national de la recherche scientifique (CNRS) à Paris, et autres. Nous savons gré aussi à tous les collecteurs de chansons qui ont déposé leurs collections aux Archives de folklore. (On en trouvera la liste en bibliographie.)

Nous tenons à remercier M. Roger Matton pour ses conseils en musique, ainsi que tous nos collègues et le personnel des Archives de folklore qui nous ont si aimablement facilité la tâche.

Nous ne saurions trop exprimer notre reconnaissance envers les autorités de l'université Laval et des Archives de folklore qui nous ont encouragé à faire ce travail; en particulier M. Luc Lacourcière, le fondateur et directeur des Archives de folklore, car sans son appui constant et surtout sans sa collaboration étroite le *Catalogue* n'existerait pas.

C. L.

INTRODUCTION

On se plaît souvent à dire qu'à l'origine toute poésie était chantée. En fait, la chanson est une sorte de poème destiné au chant. Bien des poètes lettrés ont souvent préféré l'appeler ode sans l'accompagner nécessairement de mélodie. Mais la chanson populaire a toujours été chantée et continue de l'être.

Une distinction s'impose également entre la chanson savante et la chanson folklorique; c'est là une réalité admise de tout temps. Déjà au XVIe siècle, Montaigne constatait l'existence de deux poésies, l'une « populaire et purement naturelle » et l'autre « parfaite selon l'art » pour affirmer que « la poésie médiocre, qui s'arrête entre deux, est dédaignée, sans honneur et sans prix[1] ». Cette opposition fut redécouverte au XIXe siècle par les écrivains romantiques.

---

[1] Michel DE MONTAIGNE, *Essais*. Livre I, chap. LIV.

En Allemagne, au XIXᵉ siècle, on parlait surtout de chanson nationale, de poésie primitive. Herder définissait la chanson populaire comme « les archives du peuple[2] », « la fleur caractéristique des peuples[3] » et par bien d'autres expressions poétiques et nationalistes non moins précises. En France, fortement influencés par ce courant allemand, les membres de la section de philologie du Comité de la langue, de l'histoire et des arts de la France publiaient sous la plume de leur rapporteur une définition tout à fait romantique :

> Le Comité ne considère comme tout à fait populaires que des poésies nées spontanément au sein des masses, et anonymes, ou bien celles qui ont un auteur connu, mais que le peuple a faites siennes en les adoptant. Ces dernières seront admises à titre exceptionnel, et quand il sera bien constaté que, non seulement elles ont eu une certaine vogue, mais qu'elles ont passé dans la circulation générale, et sont devenues la propriété du peuple. Ceci exclut toutes les compositions populaires d'intention, non de fait, toutes les poésies destinées au peuple, mais qui ne sont pas arrivées à leur adresse[4].

Cette notion de « poésies nées spontanément au sein des masses » pouvait se concevoir au XIXᵉ siècle, mais aujourd'hui, dans notre siècle positif, nous ne pouvons plus croire à la génération spontanée, nous exigeons la vérité. Une vérité découlant des faits, des documents et non de théories échafaudées sur des échantillonnages. Dans l'introduction au *Catalogue de la chanson folklorique française*, nous avions évité toute définition globale de la chanson populaire, nous contentant d'énoncer la limitation de notre étude « aux chansons que les collecteurs recueillent ou sont susceptibles de recueillir sans trop nous inquiéter de leur origine[5] ». Ce

---

[2] Traduction de Xavier MARMIER dans *Chants populaires du Nord*, 1842, p. 11. « Les chansons populaires, dit Herder, ce sont les archives du peuple, le trésor de sa science, de sa religion, de sa théogonie, de sa cosmogonie, de la vie de ses pères, des fastes de son histoire. C'est l'expression de son coeur, l'image de son intérieur dans la joie et les larmes, auprès du lit de sa fiancée, au bord du tombeau. » (*Volkslieder*, Introduction).

[3] Traduction de J.-B. Weckerlin dans *la Chanson populaire*, 1886, p. 1. « La poésie primitive vivait dans l'oreille du peuple, sur les lèvres des chanteurs; elle transmettait l'histoire, les mystères, les merveilles; c'était en quelque sorte la fleur caractéristique des peuples concernant leur langue, leurs moeurs et initiant les peuples futurs aux moeurs, aux passions, aux sciences, aux arts, ou plutôt aux occupations de leurs aïeux. » (HERDER, *Stimmen der Völker in Liedern...* [*Les voix des peuples en chansons*], p. 7).

[4] [Jean-Jacques AMPÈRE]. *Instructions relatives aux poésies populaires de la France*, p. 3. Tiré à part du *Bulletin du Comité de la langue, de l'histoire et des arts de la France*, vol. I, 1854, p. 219.

[5] Conrad LAFORTE, *le Catalogue de la chanson folklorique française*, 1958, p. XVIII.

serait là, à notre avis, le premier caractère commun à toutes les chansons populaires d'avoir été recueillies de la tradition orale par un collecteur; le second caractère est, par voie de conséquence, l'anonymat. Ainsi, une chanson littéraire, c'est-à-dire composée par un auteur, même si elle est recueillie du peuple ne peut jamais être folklorique à cent pour cent: il existe cependant certains degrés dans « le populaire », ou la « popularité », des chansons traditionnelles.

Ces deux caractéristiques, essentielles à toute chanson folklorique, ne proviennent pas d'une définition globale mais d'une constatation. Une constatation qu'il nous a fait plaisir de retrouver avec quelques nuances sous la plume du grand historien Henri Davenson: « Il suffit d'appeler, mieux encore, de constater qu'on est d'accord pour appeler chanson populaire un ensemble d'oeuvres lyriques que le répertoire des milieux lettrés a reçues du peuple[6]. »

Toutefois, cet « ensemble d'oeuvres lyriques » constitue un répertoire si complexe, si divers, que Patrice Coirault, qui en avait pourtant une connaissance des plus vastes en son temps, parle de chimère quand il s'agit d'en donner une définition précise et concise: « une définition claire et pratique, écrivait-il, n'est encore pour les folkloristes qu'un espoir et chimérique peut-être[7] ». Pour exposer toutes les facettes de la chanson populaire, il lui a fallu un fort volume où il discute longuement de la notion d'anonymat et où il oppose la culture à l'inculture, l'auteur individuel à l'auteur collectif. Sans reprendre tous ces problèmes théoriques jugés insolubles, nous voulons cependant tenter de rendre nos notions de la chanson plus positives, en espérant qu'il est possible de mieux saisir la notion de poésie populaire que celle de poésie littéraire. Devant le répertoire si considérable et si complexe de chansons populaires, une classification s'impose pour y voir clair. Un arrangement méthodique basé sur l'ensemble, et non sur un choix, nous permettra de délimiter les groupes, les divisions et les subdivisions les plus appropriés à la totalité de la matière.

---

[6] *Le Livre des chansons...*, p. 24.

[7] P. COIRAULT, *Notre chanson folklorique*, p. 301.

M. Luc Lacourcière possède un exemplaire corrigé par Patrice Coirault, où l'auteur a biffé l'expression « et chimérique peut-être ». Après dix ans, il reprenait espoir.

Dernièrement, un groupe de jeunes français, en visite aux Archives de folklore, employaient couramment l'expression *chansons de collectage* pour désigner les chansons folkloriques recueillies dans la tradition orale par opposition à celles que chantent les artistes.

Nous avons abordé les problèmes et l'importance d'une classification méthodique de la chanson populaire dans l'introduction de la première édition du *Catalogue de la chanson folklorique française*. Aussi, notre propos se limitera-t-il ici à démontrer que la classification employée par les folkloristes depuis plus de cent ans est vraiment désuète et n'a plus aujourd'hui qu'une valeur historique.

La première classification de la chanson populaire française est, en 1852-1853, l'oeuvre de la section de philologie du Comité de la langue, de l'histoire et des arts de la France. Un brillant professeur de la Sorbonne, Jean-Jacques Ampère, le fils du célèbre physicien, est chargé de la rédiger après que les membres du Comité, des académiciens pour la plupart, l'eurent élaborée et discutée. Cette classification, imaginée antérieurement aux enquêtes, fut exposée dans des instructions aux enquêteurs éventuels, dans le but de leur indiquer les caractéristiques des chansons à recueillir. Voici les grandes divisions de cette classification, telles qu'elles se présentent dans les *Instructions relatives aux poésies populaires de la France*[8] :

I.   *Poésies religieuses*
    1. Prières
    2. Légendes, vies de saints, miracles
    3. Cantiques
    4. Chants pour les différentes fêtes de l'année

II.   *Poésies populaires d'origines païennes*
    1. Souvenirs druidiques
    2. Souvenirs germaniques

III.   *Poesies didactiques et morales*

IV.   *Poésies historiques*

V.   *Poésies romanesques*

VI.   *Chants qui se rapportent aux événements et aux diverses phases de l'existence, le mariage, le baptême, une première communion, une prise de voile, une mort, un enterrement*

VII.   *Chants qui se rapportent aux professions actives, telles que celles de soldat, de marin, etc.*

VIII.   *Chansons propres aux professions sédentaires, aux forgerons, aux tisserands, aux tailleurs, aux cordonniers, aux sabotiers, aux fileuses, aux menuisiers; chansons de compagnons*

---

[8]*Loco cit.*

Cette classification d'Ampère offre d'excellentes divisions à l'enquêteur débutant, mais les topiques sont vagues. Les chapitres I, III, IV, V sont basés sur les thèmes et sujets des chansons; le IIe chapitre exige une connaissance de l'origine; les VIe à Xe sont basés sur les fonctions sociales, tandis que les XIe à XIIIe, sur les genres. Ces critères trop variés et ces divisions souvent extérieures à la chanson sont nés surtout des idées romantiques fortement influencées par les compilateurs allemands.

Après la mort du ministre Fortoul en 1856, le Comité de la langue, de l'histoire et des arts de la France se désintéresse de la chanson. Les académiciens qui avaient entrepris ce travail de compilation confient les manuscrits reçus à deux de leurs membres pour les éditer. En 1876, *les Poésies populaires de la France,* toujours manuscrites, sont déposées à la Bibliothèque nationale de Paris, formant six volumes dont les quatre premiers seulement suivent la classification d'Ampère. Même dans la partie classée, on a dû introduire des subdivisions et des changements. Le chapitre II a perdu ses deux subdivisions: *Souvenirs druidiques et germaniques*; le XIIIe, *Chansons badines comprenant les chansons bachiques*, s'est vu substituer cinq subdivisions: 1re *rondes*, 2e *autres danses* (bourrées, branles, etc.), 3e *chansons badines*, 4e *berceuses*, 5e *chansons bachiques*.

Ampère lui-même n'est pas retourné au Comité après la publication des *Instructions* en 1853; il quitte sa chaire à la Sorbonne en 1855 pour s'exiler en Italie où il meurt en 1864. La rédaction de ces *Instructions*, selon Sainte-Beuve, «fut son dernier acte de présence, son dernier effort parmi nous[9]». Si Ampère avait eu l'opportunité d'examiner le résultat de l'enquête, nous sommes persuadé qu'il aurait repris cette classification et peut-être même sur des bases différentes.

---

[9] C.-Á. SAINTE-BEUVE, « Jean-Jacques Ampère », dans AMPÈRE, *Promenade en Amérique*, p. XXXIII.

À la suite du Comité, nous voyons le « réaliste » Champfleury classer des chansons populaires dans l'ordre géographique. Puis Julien Tiersot, en 1889, reprend la classification Ampère en la divisant en douze genres qui semblent théoriquement bien distincts mais qui, dans la pratique, le sont moins (1 – Chansons narratives, épiques, légendaires et historiques = la complainte; 2 – Chansons anecdotiques et satiriques; 3 – Chansons d'amour; 4 – Chansons de danse; 5 – Les berceuses; 6 – Chansons de métiers; 7 – Chansons militaires; 8 – Chansons de fêtes; 9 – Chansons à boire; 10 – Le vaudeville; 11 – Les noëls; 12 – Les chansons religieuses et nationales)[10]. Ces divisions compliquées forment un cadre qui déborde la chanson populaire. Les folkloristes les utilisent depuis plus de cent ans et pourtant il n'en est surgi aucune lumière. Au contraire, chacun les interprète à sa manière et s'intéresse beaucoup plus aux coutumes associées à la chanson qu'à la chanson elle-même. Le grand spécialiste Patrice Coirault fut le premier à chercher de nouvelles bases en vue d'une classification méthodique de la chanson folklorique. Les préoccupations premières de Coirault étaient la recherche de la paternité des chansons et la mise à l'épreuve des méthodes d'étude comparée; il demeurait cependant perplexe devant les problèmes d'une classification comme devant l'énigme du sphinx.

En dépit de toutes ces considérations peu encourageantes, nous avons tout remis en question, sans renoncer à un répertoire méthodique. Nous croyons toujours, comme nous l'avons écrit dans l'introduction au *Catalogue*, qu'une classification ne doit pas chercher ses normes ailleurs que dans la plus profonde substance même de la chanson. Elle doit naître d'elle. Une classification théorique faite au préalable, quelque savante qu'elle soit, ne sera jamais qu'un cadre violent et arbitraire. Telles nous apparaissent toutes les divisions par fonctions sociales, par genres littéraires, etc. Et même la recherche de la paternité des chansons, bien que très utile aux folkloristes, reste une préoccupation extérieure à la chanson. Il faut avant tout étudier sa structure de plus près, essayer d'atteindre ses caractères essentiels sans trop s'occuper d'abord ni de son origine ni de sa fin.

Une chanson se compose de deux éléments: les paroles (que nous appellerons le *texte*) et la mélodie. Pour ce qui est de la mélodie, nous

---

[10] Julien Tiersot, *Histoire de la chanson populaire en France...*

laissons le soin aux musicologues de jeter les bases d'une classification musicale[11]. Le texte de la chanson, qui semble plus facile au premier abord, est cependant régi par des normes très complexes. Il est versifié et organisé en strophes ou couplets. Un refrain offrant les mêmes complexités vient souvent s'y ajouter. Le texte se divise lui-même en deux éléments bien distincts: le fond et la forme. Le fond, c'est le scénario, le schéma, le canevas avec ses situations, ses thèmes et motifs que l'on désigne souvent comme le type. La forme, c'est la structure de la chanson, sa prosodie, sa versification, c'est le moule dans lequel le scénario développe ses situations et ses thèmes. Elle a un rapport certain avec la mélodie et le refrain. Notre principe de classification méthodique sera donc établi sur les éléments les plus intimes et les plus caractéristiques de la chanson, c'est-à-dire sur son propre système poétique et de préférence sur la structure de sa formule strophique. Nous croyons entendre déjà toutes les condamnations de ceux qui ont prétendu et qui prétendent encore que le peuple est inculte et ne se soucie ni de la rime ni de la mesure syllabique, malgré le cadre rigide de la musique. Ces deux objections s'évanouissent à l'examen attentif de tous les documents que nous possédons. Une version d'une chanson, qu'elle soit orale, manuscrite, publiée ou même dite critique ou esthétique, est toujours fragmentaire. Seule peut rendre justice à la chanson l'étude comparée et principalement celle qui dégage les éléments stables de plusieurs versions. L'attitude de certains de nos savants qui n'attachent d'importance qu'aux contaminations et aux fautes que peuvent faire les chanteurs traditionnels pourrait se comparer à celle d'un historien de la sculpture qui, même avec une lentille grossissante, n'étudierait que les craquelures et les cassures d'une statue antique. Ce n'est pas la compilation des variantes, mais celle des constantes qui est de nature à nous éclairer.

L'étude comparée, appuyée, basée sur la recherche des constantes nous a fait découvrir des normes qui nous ont permis de distinguer des catégories bien marquées dans la masse de plus de soixante mille textes de chansons populaires. Six grandes catégories s'en dégagent, plus une septième que nous avons ajoutée pour une raison pratique puisqu'elle contient

---

[11] À ce sujet, on consultera avec profit la revue *Studia musicologica,* Budapest, vol. VII, 1965, numéro consacré à la 17e conférence annuelle de l'International Folk Music Council en 1964 à Budapest, sur le thème: «La classification des mélodies folkloriques».

de fausses chansons folkloriques. Dans l'état actuel de la recherche, chaque catégorie semble contenir un millier de chansons types. Voici dans l'ordre proposé les sept catégories de la chanson folklorique française.

1re *Chansons en laisse*
2e *Chansons strophiques*
3e *Chansons en forme de dialogue*
4e *Chansons énumératives*
5e *Chansons brèves*
6e *Chansons chantées sur des timbres (sur l'air de)*
7e *Chansons littéraires recueillies comme folkloriques.*

Nous examinerons les caractéristiques qui sont propres à chaque catégorie, nous permettant ainsi de différencier chacune d'elles et d'en extraire leur technique poétique particulière. Puis, nous en indiquerons ensuite toutes les divisions et subdivisions possibles.

Comme les éléments qui composent une chanson sont complexes et relèvent de techniques différentes, nous aurons des subdivisions découlant de plusieurs principes. Ainsi, une chanson pourra entrer dans plusieurs divisions et même plusieurs catégories. Par exemple la chanson des *Métamorphoses* est à la fois *énumérative* et *en forme de dialogue*.

Aujourd'hui, avec les moyens techniques et électroniques, nous avons la possibilité de classements multiples chevauchant sur plusieurs catégories. Nous ne limiterons donc pas notre classification à un seul principe; nous sommes ainsi conscient de résoudre l'énigme posée par Coirault de la multiplicité des formes et des nombreux problèmes inextricables sans l'entrecroisement des principes de classement. En somme, ce que nous voyons dans le mot *peuple* ou *populaire* appliqué à la chanson folklorique, ce n'est pas l'inculture mais un mélange des cultures par suite du bouleversement continuel des générations, des civilisations et des modes qui rend tout à fait improbables les origines uniques et les principes uniques. L'unicité est un produit de la raison et non de la fantaisie et de la réalité populaire. Nous aimons à la suite de Balzac considérer cette chanson comme un *vestige* qui surnage à la ruine des peuples.

PREMIÈRE CATÉGORIE

Chansons en laisse

Nous regroupons sous cette première catégorie les chansons composées d'une laisse apparente ou non. Parler laisse, c'est évoquer la versification de la chanson de geste, cette grande soeur de la chanson populaire en laisse. Mais nous ne croyons pas que les deux puissent être confondues, même si elles possèdent quelques caractères communs, par exemple le fait d'être constituées de vers monorimes ou monoassonancés. Une chanson de geste compte plusieurs laisses, tandis que la chanson populaire en laisse n'en a généralement qu'une seule, jamais plus de deux.

À l'aide d'une définition théorique, nous allons voir comment, en pratique, reconnaître la laisse. Theodor Elwert qui a compilé les travaux des grands spécialistes de la versification française (Walther Suchier, L.-E. Kastner, Kristoffer Nyrop, Maurice Grammont, etc.,) déclare que les « compositions monorimes sont appelées laisses[1] » et il en reconstitue l'étymologie ainsi :

> Le terme *laisse* date du Moyen Âge, où il signifiait de façon vague « poésie en vers », « chanson (courtoise) », « chant », « mélodie », mais aussi déjà « partie d'une chanson de geste à rimes identiques ou à assonances ». (*Laisse* comme terme métrique vient de l'expression *tout d'une laisse = tout d'un trait*). Le mot fut repris au XIXᵉ siècle, d'abord pour désigner spécialement les laisses de l'épopée du Moyen Âge, puis plus tard pour d'autres séries monorimes[2].

[1] *Traité de versification française des origines à nos jours*, p. 147, n° 191.
[2] *Op. cit.*, p. 154, n° 200 (2).

Ce terme moyenâgeux convient parfaitement pour désigner ces chansons à structure archaïque. Elwert le définit:

> La laisse est le groupement de plusieurs vers isométriques à assonances ou à rimes identiques en séries de longueur différente dépourvues d'articulation interne[3].

Cette définition claire et précise s'applique aussi bien aux laisses des chansons traditionnelles qu'à celles des chansons de geste. Cependant dans la majorité des chansons populaires, une difficulté empêche de déceler cette laisse: l'apparente articulation ou l'articulation de sa forme secondaire. Si bien que George Doncieux[4] qui avait aperçu les compositions monorimes ne les considérait pas comme des laisses. Même Patrice Coirault n'en faisait pas état. Enfin Davenson constate que beaucoup de chansons populaires «conservent la vieille technique des chansons de geste: elles se présentent comme une longue *laisse* dont tous les vers se terminent par la même assonance[5]». Ce que le brillant historien illustre par trois chansons de son anthologie. La laisse de ces trois chansons est facile à reconnaître mais, même dans ces cas, des théoriciens du vers peuvent objecter qu'elles ne sont pas des laisses parce qu'elles sont disposées en distiques ou tercets. Il n'y a là qu'une question de disposition qui a trop souvent laissé à désirer parce qu'on n'a pas reconnu la laisse. Ces chansons nous ont toujours été transmises oralement. Ceux qui les ont écrites ont pris toutes les libertés. Examinons, par exemple, la chanson en laisse bien

---

[3] *Ibid.*, p. 153, n° 200 (1).

[4] En voyant dans les recueils une chanson de danse monorime, on songe d'abord à une laisse de chanson de geste; mais cette ressemblance est illusoire, car la laisse, strophe dégénérée, et qui comprenait à l'origine un certain nombre de vers, est positivement une unité rythmique: mais dans la chanson monorime, l'unité est le vers lui-même qui équivaut à une strophe.
Le vers, par exemple, qu'on écrit:

La Pernette se lève trois heures devant jour

se chante en réalité de cette manière:

La Pernette se lève
La tra, la la... La tra la,
La Pernette se lève trois heures devant jour,
Trois heures devant jour (*bis*).

En somme, la chanson de danse monorime peut se définir comme une ballette, dont chaque couplet est construit sur une même assonance. (George DONCIEUX, *le Romancéro populaire de la France*, p. XVII). Doncieux a tort de qualifier la laisse de strophe dégénérée et de croire la laisse illusoire puisque lui-même constate la double forme de ces chansons: celle qu'on écrit et celle qu'on chante.

[5] *Le Livre des chansons...*, p. 17. Il y a trente-cinq chansons en laisse parmi les cent trente-neuf de ce recueil.

connue des *Écoliers pendus*, que M. Luc Lacourcière a publiée dans *les Archives de folklore*:

> Trois écoliers de Pontoise   vont fair' un tour dans Paris.
> Dans leur chemin ils rencontrent   trois demoisell's fort joli's.
> Ils ont pris les demoiselles   en ont fait leur doux plaisir.
> La plus jeun' qui les menace: « Vous aurez du repentir;
> Si vous passez par Pontoise,   en prison vous serez mis. »
> Ils ont passé par Pontoise,   en prison ont été mis.
> On a pris les trois p'tits frères   sont condamnés à mourir.[6]

La chanson continue ainsi jusqu'au quarante-sixième vers. À compter du vingt-cinquième, l'assonance est en *an*. Nous avons donc une chanson sans refrain composée de deux laisses en vers de quatorze syllabes, la première assonancée en *i* et la deuxième, en *an*.

Si l'on dispose arbitrairement les vers en tercet comme Doncieux l'avait fait pour sa version critique, on rend la laisse discutable. Nous ne savons même pas comment se chantaient les chansons de geste et pourtant nous les disposons en laisse. Et qui aurait l'idée de les écrire autrement? L'on est ici en présence de véritables laisses, pourquoi ne les transcrirait-on pas ainsi?

Il existe une disposition encore plus regrettable. C'est celle de scinder les vers en deux, pour obtenir des heptasyllabes. L'on est alors tenté, à la suite de Gérard de Nerval, de remarquer «un mélange de vers blancs et d'assonances[7]». Cela donnerait:

> Trois écoliers de Pontoise
> Vont fair' un tour dans Paris.
> Dans leur chemin ils rencontrent
> Trois demoisell's fort joli's.
> Ils ont pris les demoiselles
> En ont fait leur doux plaisir.

Cette erreur regrettable que Gérard de Nerval faisait couramment fut suivie par un trop grand nombre de folkloristes et d'imprimeurs de recueils. Elle fut même appuyée par Paul de Beaurepaire-Froment[8]. Voici, par exemple, comment Gérard de Nerval disposait une autre chanson:

---

[6] Vol. I, 1946, p. 177.

[7] « Sur les chansons populaires », dans *Oeuvres*, 1966, vol. I, p. 471-472.

[8] *Bibliographie des chants populaires français*, p. XXXV-XXXIX.

Ce sont les filles de La Rochelle
Qui ont armé un bâtiment
Pour aller faire la course
Dedans les mers du Levant.

La coque en est en bois rouge,
Travaillé fort proprement;
La mâture est en ivoire,
Les pouliers en diamant,

La grand'voile est en dentelle,
La misène [*sic*] en satin blanc;
Les cordages du navire
Sont de fils d'or et d'argent.

L'équipage du navire,
C'est tout filles de quinze ans;
Les gabiers de la grande hune
N'ont pas plus de dix-huit ans![9]
Etc.

Au lieu de faire ainsi une coupe factice, s'il avait disposé cette chanson en vers de quatorze pieds, il aurait obtenu une laisse assonancée en *an* (avec césure épique) et chaque vers formerait une unité syntaxique :

Ce sont les filles de La Rochelle   qui ont armé un bâtiment
Pour aller faire la course   dedans les mers du Levant.
La coque en est en bois rouge,   travaillé fort proprement;
La mâture est en ivoire,   les pouliers en diamant,
La grand'voile est en dentelle,   la misène en satin blanc;
Les cordages du navire   sont de fils d'or et d'argent.
L'équipage du navire,   c'est tout filles de quinze ans;
Les gabiers de la grande hune   n'ont pas plus de dix-huit ans!

Cette assonance en *an* ainsi que la césure épique sont constantes dans les quatre-vingt-quatorze versions que nous connaissons de ce *Merveilleux Navire*. Une caractéristique aussi persistante ne peut être l'effet du hasard, mais celui d'une volonté d'appliquer une loi propre à la laisse.

La chanson des *Écoliers pendus* en est une à caractère épique. On pourrait même la prendre pour un fragment d'épopée. Dans ce genre de chanson sans refrain, la laisse est facilement reconnaissable. Mais le plus

---

[9] *Op. cit.*, vol. I, p. 470.

grand nombre de chansons en laisse ne se présentent pas de cette façon. Elles ont double forme, l'une chantée (c'est-à-dire la seconde) et l'autre s'obtient par réduction (c'est-à-dire la première). Les formes chantées ou secondaires prennent l'aspect d'une sorte de rondeau, comme cette version des *Trois Cavaliers fort bien montés* que nous a chantée, en 1959, M. Gérard Touchette, à Saint-Théodore d'Acton.

PREMIÈRE VERSION : *Trois Cavaliers fort bien montés*

M'en revenant *vive ma moutonne*
d'chez l'boulanger *toque mon bélier*   } *bis*
Dans mon chemin j'ai rencontré.
Pinte ou chopine,
Demiard ou roquille.
Racotillez-vous !
Oh !
J'en tire la couvarte, varte   } *bis*
J'en tire la couvarte aux pieds.

Trois d'mes anciens *vive ma moutonne*
cavaliers *toque mon bélier*   } *bis*
J'ai rencontré trois cavaliers.
Pinte ou chopine,
Demiard ou roquille.
Racotillez-vous !
Oh !
J'en tire la couvarte, varte   } *bis*
J'en tire la couvarte aux pieds.

J'ai rencontré *vive ma moutonne*
trois cavaliers *toque mon bélier*   } *bis*
Où irons-nous ce soir coucher ?
Pinte ou chopine,
Demiard ou roquille.
Racotillez-vous !
Oh !
J'en tire la couvarte, varte   } *bis*
J'en tire la couvarte aux pieds.

Où irons-nous *vive ma moutonne*
ce soir coucher *toque mon bélier*   } *bis*
Nous coucherons dans l'poulailler.

Pinte ou chopine,
Demiard ou roquille.
Racotillez-vous!
Oh!
J'en tire la couvarte, varte   } *bis*
J'en tire la couvarte aux pieds.

Nous coucherons *vive ma moutonne*
dans l'poulailler *toque mon bélier*   } *bis*
Les coqs, les poules nous feront su' l'nez
Pinte ou chopine,
Demiard ou roquille.
Racotillez-vous!
Oh!
J'en tire la couvarte, varte   } *bis*
J'en tire la couvarte aux pieds. [10]

À la lecture de cette chanson, il est difficile à première vue de séparer le refrain et le couplet et, partant, de découvrir la laisse. Nous avons l'impression d'être en présence d'une sorte de strophe d'ancien rondeau, ou virelai, ou ballette, ou rotrouenge. C'est-à-dire une chanson de ronde formée de deux éléments (si nous faisons abstraction de la musique): un couplet et un refrain qui s'emboîtent, s'imbriquent, se marient pour composer une sorte de strophe à forme fixe. Ainsi articulée cette strophe secondaire cache si bien sa laisse qu'elle déroute les versificateurs.

Si nous lui faisons subir une opération qui consiste à enlever les répétitions et à séparer le refrain, nous découvrons alors sa forme première, un petit poème monorime, qu'on appelle une laisse.

LAISSE	**REFRAIN**
M'en revenant d'chez l'boulanger	vive ma moutonne
Dans mon chemin j'ai rencontré	toque mon bélier
Trois d'mes anciens cavaliers	Pinte ou chopine
J'ai rencontré trois cavaliers.	Demiard ou roquille.
Où irons-nous ce soir coucher?	Racotillez-vous!
Nous coucherons dans l'poulailler.	Oh!
Les coqs, les poules nous feront su' l'nez.	J'en tire la couvarte, varte
	J'en tire la couvarte aux pieds.

---

[10] Archives de folklore, Collection Conrad Laforte, enrg. n° 715.

Cette sorte de rondeau peut donc se ramener à deux éléments: une laisse bien constituée et un refrain indépendant.

Les vers ou tronçons de vers de ce refrain n'ont même pas de lien apparent entre eux; et, bien plus, quoique ayant un sens indépendant, ils n'ont pas de corps en eux-mêmes. Comme le lierre a besoin du support d'un tronc d'arbre ou d'un mur pour se tenir, le refrain a ici besoin de la laisse. Le refrain en s'unissant à la laisse compose une formule strophique fixe. Mais la laisse, elle, peut se combiner avec un autre refrain et donner une autre coupe strophique, comme nous le montrent les deuxième, troisième et quatrième versions suivantes:

DEUXIÈME VERSION: *Trois Cavaliers fort bien montés*

M'en revenant de la Vendée,
Voilà du vin qui est à mon aise.
J'ai rencontré trois cavaliers.
Mets ton çi, mets ton çi sur le mien.
Mais prends garde de tomber
J'ai bu du vin qui est à mon aise
J'ai bu du vin qui est à mon gré. [11]

TROISIÈME VERSION: *Trois Cavaliers fort bien montés*

M'en revenant de la Vendée   (*bis*)
Dans mon chemin j'ai rencontré
Vous m'amusez toujours
Jamais je m'en irai chez nous
J'ai trop grand' peur des loups. [12]

QUATRIÈME VERSION: *Trois Cavaliers fort bien montés*

M'en revenant *la ridondaine*
De boulanger *la ridondé*
M'en revenant de boulanger. [13]   (*bis*)

---

[11] Archives de folklore, Collection Mme Madeleine Doyon-Ferland, enrg. n° 13. Chantée en 1956 par Mme Esdras Laverdière, de la Beauce.

[12] Ernest GAGNON, *Chansons populaires du Canada...* 2e éd., 1880, p. 178.

[13] *Collection Édouard-Zotique Massicotte*, MN-3126 et BM-623. Chantée en juillet 1921 par Ephrem Dessureault (79 ans), à Sainte-Geneviève de Batiscan.

Nous pourrions multiplier les exemples puisque de cette chanson des *Trois Cavaliers*, nous connaissons cent quarante-six versions (dont dix en France, deux à Liège en Belgique, cent trente-quatre au Canada). Il est évident que nous ne pouvons tout citer. Pour plus d'exemples, on peut aussi se reporter à la monographie d'une autre chanson, *Trois Beaux Canards*, étudiée par M. Marius Barbeau dans les *Archives de folklore* [14]. On y verra l'étonnante variété de ces refrains et formules strophiques.

Si nous examinons les quatre exemples cités des *Trois Cavaliers fort bien montés*, nous voyons les formules suivantes :

PREMIÈRE VERSION

Premier tronçon du premier vers de la laisse,
Tronçon du refrain,
Deuxième tronçon du premier vers de la laisse,
Tronçon du refrain,
Deuxième vers de la laisse,
Six vers ou tronçons du refrain.

DEUXIÈME VERSION

Premier vers de la laisse,
Un vers du refrain,
Deuxième vers de la laisse,
Quatre vers du refrain.

TROISIÈME VERSION

Premier vers de la laisse,   (*bis*)
Deuxième vers de la laisse,
Refrain de trois vers.

---

[14] Vol. II, p. 97-138, musique.

Une étude manuscrite mais plus complète a été faite par M. Claude PREY, *Formation et Métamorphoses d'une chanson: le Canard blanc.* Québec, 1959, VI–169p. (ms.) musique. Thèse de D.E.S., Université Laval (Québec), 1959.

QUATRIÈME VERSION

Premier tronçon du premier vers de la laisse,
Tronçon du refrain,
Deuxième tronçon de premier vers de la laisse,
Tronçon du refrain,
Premier vers de la laisse.   (*bis*)

Nous voyons là quatre variétés de formule. Ce ne sont pas les seules employées dans le genre de la ronde. Nous avons commencé l'examen d'environ dix mille textes de chanson en laisse dans le but de codifier ces formules strophiques obtenues par la fusion de ces deux éléments. Nous en avons déjà dénombré plus de vingt formes différentes. Toutes ces particularités montrent bien que ce genre de refrain ne peut s'étudier isolément. La laisse, elle, au contraire possède son autonomie. Elle peut s'étudier séparément. Une fois dégagée des répétitions et de son refrain, elle devient une unité tant au point de vue de la versification qu'au point de vue du sens. Elle contient un petit scénario qui raconte une histoire souvent burlesque par son mélange de merveilleux et de comique. Mais ce scénario n'est pas unique, il présente des variantes: il peut se ramifier. Voyons quelques laisses de la même chanson, *Trois Cavaliers fort bien montés*:

UNE PREMIÈRE VERSION EST UNE INVITATION

M'en revenant de la Vendée
Dans mon chemin j'ai rencontré
Trois cavaliers fort bien montés
Deux à cheval et un à pied.
Celui à pied m'a demandé:
— Savez-vous où l'on pourrait loger?
— Venez chez moi si vous voulez
Vous aurez un bon souper
Vous serez très bien couchés
Vos chevaux seront bien soignés.[15]

---

[15] Louis Hébert, Cahier manuscrit d'un étudiant au Séminaire de Québec vers 1865, p. 36.

UNE DEUXIÈME VERSION EST UNE VANTARDISE

M'en revenant de boulanger
Dans mon chemin j'ai rencontré
Trois cavaliers fort bien montés
Deux à cheval et l'autre à pied.
Celui d'à pied m'a demandé :
— Où irons-nous ce soir, coucher ?
— À la maison accoutumée
À la maison du boulanger.
Ya du bon pain pour y manger
Ya du bon vin pour y trinquer
Et des bons lits pour nous coucher,
Des joli's fill's à nos côtés.[16]

LA TROISIÈME VERSION AJOUTE UNE RÉPONSE À LA VANTARDISE

En revenant de Saint-André
Dans mon chemin j'ai rencontré
Un homme à cheval et l'autre à pied.
Celui d'à pied m'a demandé :
—Où irons-nous ce soir, coucher ?
—À la maison accoutumée
(Un' bell' douc' fille à nos côtés)
—Tu as menti franc cavalier
Tu coucheras dans l'poulailler
Un' gross' poul' noire à tes côtés
Cinq, six gros oies pour te picocher.[17]

UNE QUATRIÈME VERSION PARLE DE BAISERS

En revenant de voir nos blés
J'ai rencontré trois cavaliers
Deux de *cheva* et un de pied
Celui de pied m'a demandé :
—Bell', donnez-moi un doux baiser.
—Prenez-en deux et vous hâter
Car j'entends ma mèr' m'appeler.[18]

---

[16] Marius BARBEAU, « The Ermatinger Collection of Voyageur Songs (Ca. 1830) », dans *Journal of American Folklore*, vol. LXVII, avril-juin 1954, p. 153, musique.

[17] Collection M. Barbeau et F. Marcellin-André Simoneau, MN ms. n° 1605.

[18] Adolphe ORAIN, *Chansons de la Haute-Bretagne*, p. 74-76.

Une cinquième version introduit une belle qui se dit mariée

En revenant, je revenais
J'ai rencontré trois jeun' cadets
Deux à cheval et un à pied
Celui à pied m'a demandé :
—Qui est-c' la bell' que vous aimez ?
—Oh ! donc, monsieur laissez m'aller
Car j'entends mes enfants crier.
—Je crois, la bell', que vous mentez
Car jamais vous n'en porterez.[19]

Une sixième version devient *le Cheval déferré*

En revenant de Saint-Astier
J'ai rencontré trois cavaliers
Deux à cheval et l'autre à pied.
—Descendez-vous ? je monterai
J'ai mon cheval qu'est déferré
Qu'est déferré des quatre pieds.
À Saint-Astier un ferre-pied
Qui ferre bien les quatre pieds
Les fers qu'il met sont argentés
Les clous qu'il met sont tous dorés.[20]

Nous sommes en présence d'une versification archaïque. L'hiatus, la diérèse ou synérèse, la rime intérieure ou batelée, l'amuïssement de l'*e* atone ou d'autres voyelles à la fin ou dans le corps d'un mot, tout cela semble facultatif ou régi par l'oreille ou l'habileté du chanteur, de la même façon qu'on le pratiquait au Moyen Âge. L'assonance n'est pas pour l'oeil mais bien pour l'oreille.

Dans les six versions de la laisse que nous venons de citer, il y a une constante : la rime ou assonance est en *é* à la huitième syllabe finale du vers. Nous avons donc une laisse octosyllabique assonancée en *é*. 8*m*(*é*)

---

[19] Léonard TERRY et Léopold CHAUMONT, *Recueil d'airs de cramignons et de chansons populaires à Liège*, p. 340-341.

[20] Sylvain TRÉBUCQ, *la Chanson populaire et la Vie rurale des Pyrénées à la Vendée*, vol. II, p. 177-178.

Sauf quelques différences comme les noms géographiques (Vendée, Boulanger, Saint-André, Saint-Astier), le scénario débute de la même façon: il est question de cavaliers, deux ou un à cheval et l'autre à pied. Après le vers, « Celui d'à pied m'a demandé », la chanson se ramifie. Comment l'unifier sans porter de jugements de valeur? Nous pouvons uniquement constater l'existence d'un art multiforme qui échappe aux lettrés habitués à un auteur et à un texte unique. La théorie romaniste de la restitution du texte primitif que Doncieux a tenté d'appliquer ne peut résister à un examen critique sérieux. Nous obtenons un résultat beaucoup plus satisfaisant si nous recherchons d'abord les structures et les formes de ces chansons.

La chanson octosyllabique que nous venons d'examiner n'a pas véritablement de césure, même si le rythme exige une certaine coupure en tronçons 4 + 4. Ce n'est que dans les vers de 10, 12, 14 et 16 pieds qu'il y a césure. Les longs vers de la laisse présentent des particularités surtout à la césure: avec les répétitions et le refrain ils se comportent à peu près de la même façon que l'heptasyllabe ou l'octosyllabe. Avant d'aborder ces laisses, voyons en premier lieu quelques formules strophiques que peuvent former chacune des deux chansons: *la Fille aux oranges* et *la Mariée s'y baigne*.

Exemple de trois formules strophiques d'une laisse de douze pieds à assonance masculine et à césure féminine. $12 = 6f + 6m(a)$

La Fille aux oranges

PREMIÈRE FORMULE

Au jardin de mon père   *Vive l'amour*   (*bis*)
un oranger il y a   *Vive la rose*   (*bis*)
et le damas.[21]

DEUXIÈME FORMULE

Au jardin de mon père   un oranger lui ya,   *limouza,*
Qu'est si chargé d'oranges   qu'on croit qu'il en rompra,   *limouza*

---

[21] *Poésies populaires de la France*, vol. IV, ft 180. (Paris, Bibliothèque nationale, Ms. Fonds français, nouvelles acquisitions 3341).

J'aime, j'aime, oh! gai, gai, gai, j'ai le coeur gai;
J'entendis chanter, danser
Les moutons, les moutons, don dé;
Dou, dou, les moutons, les moutons
Les moutons, les moutons, les moutons, don dé. [22]   } *bis*

TROISIÈME FORMULE

Au jardin de mon père,   deux orangers il y a
Il y a tant d'oranges   qu'il en tomb' jusqu'au bas.
Tandis que je suis jeune, il faut divertir. [23]

Exemple de quatre formules strophiques d'une laisse de douze pieds à assonance féminine et à césure masculine : $12 = 6m + 6f$ (*an — e*)

La Mariée s'y baigne

PREMIÈRE FORMULE

Sur le pont de Paris,   *mon ami,*
                              y a une allemande.
Elle a tant d'amoureux,   *mon ami,*
                              qu'ell' ne sait lequel prendre.
               Ah! tu ne l'auras pas,
               Nicolas,
               La jolie allemande. [24]

DEUXIÈME FORMULE

C'est un p'tit cordonnier   en revenant de France
Son père est consentant,   *mon cousin*
               sa mère est consentante,   *ma cousine*
       Son p'tit cousin l'endure   ma cousine
       Son p'tit cousin l'endure. [25]

TROISIÈME FORMULE

Dans la cour du palais,   il y a une allemande.   (*bis*)
Elle avait tant d'amants,   qu'ell' ne sait lequel prendre.

---

[22] Ernest GAGNON, *Chansons populaires du Canada...* 2e éd., 1880, p. 46.
[23] Léonard TERRY et Léopold CHAUMONT, *op. cit.*, p. 11.
[24] *Ibid.*, p. 245.
[25] Coll. Dr Dominique Gauthier, Archives de folklore, enrg. 526.

J'ai quelque chose à dire
Il faut pourtant qu' je l'dise,
Je m'aperçois qu'il rit.
Non, non, j'ne l'dirai pas![26]

QUATRIÈME FORMULE

C'était un cordonnier,
Lundi, mardi, jours de mai,
C'était un cordonnier,
                    s'en revenant de Londres.[27] *(ter)*

Voilà sept formules strophiques. Avec les quatre des *Trois Cavaliers fort bien montés,* nous avons là onze formules strophiques différentes composées par l'union de la laisse avec le refrain et les répétitions. Ce groupe de ronde en laisse est vraiment multiforme, comme si la laisse permettait d'opérer de multiples métamorphoses.

Non seulement une chanson en laisse peut se combiner avec plusieurs refrains mais elle n'a pas de refrain propre, exclusif. Il existe une sorte de migration irrégulière des refrains d'une laisse à l'autre ou d'une chanson à l'autre qu'on pourrait appeler l'interchangeabilité du refrain. C'est-à-dire que le même refrain peut se combiner avec des laisses d'autres chansons. Par exemple, le refrain de la troisième version déjà citée des *Trois Cavaliers* (p. 15) sert aussi dans les *Trois Beaux Canards*:

Le fils du roi s'en va chassant, *(bis)*
Avec son grand fusil d'argent.
Vous m'amusez toujours
Jamais je m'en irai chez nous
Car j'ai trop peur des loups.[28]

Et aussi dans *la Mariée battue*:

Mon père aussi m'a mariée.
Un civil il m'a donné.
Vous m'amusez toujours
Jamais je m'en irai chez nous
J'ai trop grande peur des loups.[29]

---

[26] R.P. Anselme CHIASSON, *Chansons d'Acadie*, vol. III, p. 42.

[27] Marius BARBEAU, *Alouette!* p. 54.

[28] Paul-Émile PRÉVOST, *Chansons canadiennes*, p. 40

[29] Cyrus MACMILLAN, *The Folk Songs of Canada*, vol. I, p. 497, n° 39*B*. La chanson citée a été recueillie par C.M. à Rustico (Île du Prince-Édouard).

De même que dans *le Panier ramassé* :

> En passant par un échalier   (*bis*)
> J'ai laissé tomber un panier.
> *Vous m'amusez toujours*
> *Je n'irai plus seulette au bois*
> *J'ai trop grand peur du loup.* [30]

Et enfin dans un manuscrit du XVIIIᵉ siècle, conservé dans la collection Coirault, une chanson dont l'incipit est *l'Autre Jour un jeune meunier* :

> *Vous marestés, vous m'amusés toujours*
> *Je veux m'en aller il est nuit*
> *Car j'ai bien peur des loups.* [31]

Ce phénomène d'un refrain servant à cinq chansons différentes n'est pas unique. Bien d'autres refrains ont cette propriété d'adaptation. Ce n'est pas là l'effet du hasard mais bien celui d'une loi du genre. Cependant nous croyons qu'en principe les mélodies et refrains qui conviennent à une laisse peuvent aussi convenir aux laisses qui ont à la fois même nombre de syllabes et même accent tonique. Il en va de même pour tous les autres types de laisses, ainsi qu'un vêtement d'une pointure donnée peut aller à toutes les personnes qui ont même taille.

La formule strophique de ces rondes utilise parfois un seul vers de la laisse mais le plus souvent deux vers. Ces deux vers forment un *cobla* ou couplet. Il n'y aurait couplet que dans ce dernier cas. Nous ne serions pas surpris que ce soit là le sens primitif du mot *couplet* [32] qui s'est étendu par la suite à toute strophe de chanson.

La laisse présente bien d'autres particularités. L'heptasyllabique et l'octosyllabique n'ont pas de césure. Il n'y a que les vers de dix à seize pieds qui ont une césure.

Dans la poésie savante du Moyen Age, il a existé deux sortes de césures: la lyrique et l'épique. La lyrique, propre au décasyllabe est une

---

[30] Julien TIERSOT, *Mélodies populaires des Provinces de France*. 9ᵉ et 10ᵉ série, 1928, p. 18-21.

[31] Paris, Bibliothèque nationale, Rés. Vm. Coirault 77 (1), vol. I, p. 7-9.

[32] « Couplet apparaît à partir du XIVᵉ siècle d'abord dans le sens de « groupe de deux vers »; mais supplante ensuite *couple* dans le sens de strophe ». (ELWERT, *op. cit.*, p. 143).

« Couplet de chanson (XVIᵉ s.) est repris au provençal *cobla*, proprement « couple de vers. » (A. DAUZAT, *Dict. étym. de la langue franc.*, Paris, 1938).

forme de césure féminine, avec un accent sur la troisième syllabe et une quatrième syllabe féminine mais comptée. La césure épique a une syllabe féminine non comptée et non élidée après la syllabe accentuée. Ce premier hémistiche paroxytonique était courant dans les chansons de geste sans y être général. Dans la chanson en laisse, la norme des césures est plus complexe et plus constante. George Doncieux la nomme « la loi des césures inverses[33] » qu'il explique de cette façon :

> la chute du premier hémistiche est paroxytonique ou, comme nous disons féminine, si celle du vers est oxytonique, ou masculine, et réciproquement[34].

Il y a là une véritable loi d'une certaine alternance du féminin et du masculin entre la césure et l'assonance ou rime. Ce qu'on peut voir dans les deux exemples suivants :

I.   EXEMPLE DE LAISSE À CÉSURE PAROXYTONIQUE ET À ASSONANCE
OXYTONIQUE

1. *La Fille aux oranges*

Par derrier' chez mon père   un oranger il y a,
Qu'est si chargé d'oranges   qu'on croit qu'il rompera.
Je demande à ma mère : — Quand est-c' qu'on les cueill'ra ?
Ma mèr' me fit réponse : — Quand votre amant viendra.
Les oranges sont mûres   et mon amant n'vient pas.
J'ai pris mon eschelette   et mon panier au bras.
Je vais de branche en branche,   les plus mûr's j' les cueillas.
J'les porte au marché vendre.   Au marché tout y va.
Dans mon chemin rencontre,   le fi' d'un avocat.
— Qu'avez-vous donc, la belle,   dans votr' panier au bras ?
— Monsieur, c'est des oranges.   Ne vous en faut-il pas ?
Il m'en a pris un' couple,   il ne la payait pas.
— Oh, Monsieur, mes oranges !   Vous ne m'les payez pas.
— Montez dedans ma chambre,   ma mèr' vous les paiera.
Quand ell' fut dans sa chambre,   sa mèr' n'y était pas.
Il la prend, il l'embrasse.   Sur son lit il la jeta.
Il la serra si fort   qu'il lui (cassa) un bras.
— Oh ! que v(a) dir' ma mère   mais qu'ell' sache cela !
— Vous direz à votre mère   qu' c'est l'fi' d'un avocat.[35]

---

[33] *Le Romancéro populaire de la France*, p. XIII.
[34] *Idem.*
[35] M. BARBEAU, « The Ermatinger Collection of Voyageur Songs (Ca. 1830) », *loco cit.*, p. 157.

II. EXEMPLE DE LAISSE À CÉSURE OXYTONIQUE ET À ASSONANCE
PAROXYTONIQUE

2. *Le Peigne ramassé*

Sur le pont d'Avignon,   trois dames s'y promènent.
Tout's trois s'y promenant   laissent tomber leurs peignes.
Trois Allemands passant   ont ramassé les peignes.
— Allemands, Allemands,   Ah! rendez-moi mon peigne.
— Ton peign' tu n'auras pas   qu' tu n'ai' payé mes peines.
— Quel pa-ye-ment veux-tu? — Un cheveu de toi, belle.
— Prends-en un, prends-en deux,   prends-en trois à ton aise,
Mais ne t'en vante pas: tout garçon qui se vante,
On les estime pas,   car ils ont femme en France,
Et des petits enfants   qui vont battre à la grange.[36]

Ces deux laisses de douze pieds sont formées de deux hémistiches de
six pieds. La première laisse a une assonance masculine en *a* et sa césure
est paroxytonique, c'est-à-dire que la voyelle -*e* atone, sans être élidée,
ne compte pas. Nous l'exprimons par la formule: $12 = 6f + 6m(a)$. La
seconde laisse a une assonance féminine en *è-e* et sa césure est oxytonique
ou masculine. Nous la représentons par: $12 = 6m + 6f(è-e)$. Cette loi des
« césures inverses » ou de l'alternance entre l'assonance et la césure est
essentielle à la chanson en laisse de dix pieds et plus. Le vers classique et
lettré a méconnu cette règle archaïque qui a une euphonie admirable.

Cette loi remarquable d'abord constatée par Milà pour le catalan, puis par Arbaud
pour le provençal, est aussi bien valable pour le piémontais et pour les parlers d'oil;
et d'ailleurs étrangère à l'espagnol et à l'italien, elle régit sans exception tout le
domaine gallo-romain.[37]

Il y aurait à souligner bien d'autres particularités au sujet de la laisse,
du refrain, du couplet et de la formule strophique, mais nous croyons en
avoir assez dit pour permettre de comprendre et de reconnaître les chansons
de ce premier groupe. Nous pouvons maintenant jeter les bases d'une
classification méthodique.

D'après les caractéristiques de ce groupe, deux principes de classification se dégagent: les laisses et les structures strophiques. On pourra y

---

[36] Ernest GAGNON, *op. cit.*, p. 94-95.
[37] George DONCIEUX, *op. cit.*, p. XIII.

ajouter un classement des refrains, des scénarios, des sujets, des thèmes et du vocabulaire.

Les laisses, dépouillées du refrain et des répétitions, peuvent se classer de deux façons par le scénario ou sujet et par la versification.

Les scénarios ou sujets des laisses sont 1° à caractère épique ou hagiographique; 2° à caractère gai, burlesque, «réaliste». Le caractère épique se retrouve dans les chansons comme *les Écoliers pendus*, *l'Escrivette*, *la Blanche Biche*, *Pierre et Jeannette*, *l'Abandonnée aux trois robes*, *l'Embarquement de la fille aux chansons et sa déplorable mort*, etc. Le caractère hagiographique, dans *le Pèlerin pendu dépendu*, *le Martyre de sainte Catherine*, *la Passion de Jésus-Christ*, etc. Les chansons à caractère gai sont en plus grand nombre. Elles ont servi à danser en rond, à rythmer la marche ou différents travaux de groupe. Elles sont souvent burlesques en ce qu'elles contiennent un mélange de merveilleux et de comique. Ces petites comédies sont ordinairement gauloises. Mais les gauloiseries y sont exprimées avec finesse évitant généralement les mots trop crus.

La forme versifiée de la laisse constitue un principe de classification presque mathématique. Il consiste à regrouper les laisses par les pieds des vers et à les subdiviser par l'assonance. Nous en avons tiré un résumé sous forme de tableau qui fait voir les différentes combinaisons existantes.

Laisses de 6 syllabes

6m(*é*)
  (*in*)
  (*ou*)
6f(*an-e*)
  (*è-e*)
  (*i-e*)
  (*o-e*)
  (*x*)

Laisses de 7 syllabes

7m(*a*)
  (*an*)
  (*é*)
  (*è*)
  (*in*)
  (*on*)
  (*ou*)
  (*u*)
7f(*a-e*)
  (*an-e*)
  (*ée*)
  (*è-e*)
  (*i-e*)
  (*x*)

Laisses de 8 syllabes

8m(*a*)

(an)
(é)
(è)
(eu)
(i)
(in)
(o)
(oi)
(on)
(ou)
(u)
(x)
$8f(a$-$e)$
(an-e)
(ée)
(è-e)
(i-e)
(o-e)
(x)

Laisses de 9 syllabes

$9m(é)$
(in)
$9f(è$-$e)$

Laisses de 10 syllabes

$4m+6f(an$-$e)$
(ée)
(è-e)
(i-e)
(x)
$4f+6m(a)$
(é)
(i)
(on)

(ou)
(x)
$5m+5f(a$-$e)$
(ée)
(è-e)
(i-e)
$5f+5m(a)$
(an)
(é)
(è)
(eu)
(i)
(in)
(o)
(on)
(ou)
(x)
$6m+4f(an$-$e)$
(i-e)
$6f+4m(a)$
(é)
(i)
(ou)
(u)
(x)

Laisses de 11 syllabes

$5m+6f(è$-$e)$
(i-e)
(x)
$5f+6m(an)$
(ou)
$6m+5f(an$-$e)$
$6f+5m(a)$
(an)

(é)
(è)
(i)
(in)
(on)
(ou)
(u)
7m+4f(è-e)
(i-e)
7f+4m(on)
(u)
8m+3f(i-e)

Laisses de 12 syllabes

4f+8m (x)
5m+7f (x)
6m+6f (a-e)
(an-e)
(ée)
(è-e)
(i-e)
(o-e)
(u-e)
(x)
6f+6m (a)
(an)
(é)
(è)
(eu)
(i)
(in)
(o)
(on)
(ou)
(u)

(x)
7m+5f (è-e)
(o-e)
(x)
7f+5m (an)
(é)
(è)
(ou)
8m+4f (i-e)
(x)
8f+4m (x)

Laisses de 13 syllabes

6f+7m (é)
(ou)
(x)
7m+6f (an-e)
(é-e)
(è-e)
(i-e)
(o-e)
(u-e)
(x)
7f+6m (a)
(é)
8m+5f (i-e)
(x)

Laisses de 14 syllabes

6f+8m (a)
(our)
(x)
7m+7f (a-e)
(è-e)
(eu-e)

(i-e)	Laisses de 15 syllabes
(o-e)	*7m + 8f (a-e)*
(u-e)	*(è-e)*
(x)	*7f + 8m (a)*
7f + 7m (a)	*(on)*
(an)	*8m + 7f (é-e)*
(é)	*(i-e)*
(è)	*(x)*
(eu)	*8f + 7m (a)*
(i)	*(an)*
(in)	*(ou)*
(o)	*9m + 6f (an-e)*
(oi)	*(x)*
(on)	
(ou)	Laisses de 16 syllabes
(x)	*8m + 8f (a-e)*
8m + 6f (a-e)	*(é-e)*
(an-e)	*(è-e)*
(ée)	*(i-e)*
(è-e)	*(o-e)*
(i-e)	*(x)*
(o-e)	*8f + 8m (a)*
(u-e)	*(an)*
(x)	*(é)*
8f + 6m (an)	*(i)*
(é)	*(in)*
(i)	*(o)*
(ou)	*(ou)*
(x)	*(x)*

Il y a donc des laisses formées de vers de tous les pieds à partir de six jusqu'à seize syllabes. Mais seuls les vers de dix à seize pieds ont une césure.

Nous constatons que les vers de six, neuf, onze, treize et quinze pieds sont instables : ce sont presque toujours des versions de chansons qui ont aussi des laisses de sept, huit, dix, douze, quatorze ou seize pieds. Ces dernières ont eu beaucoup plus de vogue. Notre tableau des laisses n'indique pas la fréquence de chacune; une formule comme celle-ci: 11 pieds = 5*m*+6*f* (*i-e*) peut ne représenter qu'une chanson tandis qu'une autre, comme la laisse de douze pieds, 6*f*+6*m* (*é*), assonancée en *é* est représentée dans plus de cent chansons. Et quelques-unes de ces chansons ont plus de cent versions, tel est le cas d'*À la claire fontaine* qui nous est connue en trois cent cinquante versions.

Notons encore que, dans notre tableau, l'assonance indiquée par un *x* est incertaine. Le peu d'exemples de versions que nous connaissons de cette formule ne nous permet pas de trouver une assonance constante ou dominante. Nous n'avons pas la prétention de donner le dernier mot sur ce point, mais nous avons là, croyons-nous, les éléments de base pour l'étude des formes versifiées des laisses dans les chansons folkloriques françaises.

Le second principe de division est basé sur la structure strophique. D'après les explications précédentes, ces structures strophiques des rondes se composent d'un vers ou d'un couplet de la laisse combiné avec un refrain et des répétitions.

La classification de ces multiples structures s'annonce des plus prometteuses: elle touche à la fois à la mélodie, au refrain, à la laisse et enfin à la chanson tout entière. Il nous restera à trouver une formule figurée pour décrire ces chansons d'une façon précise et concise, en tenant compte de tous les éléments importants. Nous en avons déjà codifié plus de vingt-cinq formes différentes. Une douzaine ont déjà servi d'exemples dans notre démonstration.

Cette codification des structures strophiques pourrait dispenser à la rigueur de faire un regroupement des refrains, mais nous envisageons quand même de reclasser les refrains séparément sous trois rubriques d'après leur sens: 1° les refrains qui renforcent le sens de la laisse: (exemple: le refrain « Je suis saoul de ma femme... » dans *Femme à vendre*); 2° les refrains dont le sens est indépendant de celui de la laisse: (exemple: « Vous m'amusez toujours » dans *Trois Beaux Canards*); 3° les refrains onomatopéiques: (exemple: « la ridondaine, la ridondé »).

Pour ce qui est des thèmes et du vocabulaire de ce groupe, nous nous contenterons ici d'une mise en garde. Les chansons en laisse charrient de

nombreux mots et expressions qui ne révèlent pas toujours leur sens archaïque à première vue. On peut facilement s'y tromper. Par exemple le
bouquet dans les chansons en laisse est ordinairement la traduction orale du
chapelet de fleurs. C'est le vestige d'une coutume du Moyen Âge. La
belle cueillait des fleurs, en fabriquait une couronne qu'elle offrait à celui
qu'elle avait choisi pour nouvel amant. Ce bouquet de roses se retrouve ici
dans les chansons *la Belle Aalis* et *les Roses blanches*. Voici, comme
exemple, la laisse de *la Belle Aalis* qui se trouve en cinq versions dans le
Roman de Guillaume de Dole composé vers 1228, nous la donnons ici
d'après le Ms. de Poitiers 124.

> Bele Aaliz main leva,
> Son cors vesti et para
> En un vergier s'en entra;
> Cinc floretes i' trova:
> Un chapelet fait en a.[38]

Le chapelet de cinq fleurs devient dans une chanson recueillie au
Québec, un bouquet de trois fleurs.

> Par un matin je me suis levé, (*bis*)   plus matin que ma tante (*bis*)
> Dans le jardin je m'en suis allé   cueillir des roses blanches.
> Je n'avais pas cueilli trois fleurs,   v'là mon amant qu'entre
> — M'ami', faites-moi un bouquet;   qu'il soit de roses blanches...[39]

L'on peut aussi retrouver ce bouquet symbole de l'amour dans les
chansons suivantes: *À la claire fontaine, J'ai cueilli la rose rose, la Rose
dans la main, la Danse du rosier, Joli Tambour, Mai — Le Bouquet, les
Trois Fleurs d'amour*, etc. Nous n'entreprendrons pas de discuter ici l'ancienneté de ces chansons en laisse. Elle paraît assez évidente. Il nous suffit
de définir les chansons de ce groupe et d'établir les bases d'une classification méthodique. Mais cette classification est multiple comme la matière à
classer. Il serait donc souhaitable pour la mener à bien rapidement et
efficacement d'avoir recours aux ordinateurs électroniques.

---

[38] Gaston PARIS, « Bele Aaliz », dans *Mélanges de littérature française du Moyen Âge*, p. 623, citation du Ms.
de Poitiers 124, imprimé par Boucherie.

[39] Marius BARBEAU, *Romancéro du Canada*, p. 139.

DEUXIÈME CATÉGORIE

Chansons strophiques

La deuxième catégorie de chansons est caractérisée par sa structure versifiée qui est une strophe à forme fixe, sans être précisément un poème à forme fixe car le nombre de strophes est indéterminé. Celle-ci s'oppose à la première en ce qu'elle ne peut se réduire à une laisse. La césure de certains vers peut cependant être épique.

Rappelons que nous n'employons pas le mot *couplet* dans le sens de strophe d'une chanson. Comme nous l'avons défini en lui redonnant son sens primitif, nous l'avons réservé aux chansons de la première catégorie qui ont comme formule strophique deux vers de la laisse.

Le mot *strophe* fut « introduit dans la terminologie de la métrique française en 1550 par Ronsard[1] » à l'occasion de son *Ode pindarique au roi Henri II*. Une chanson est aussi un poème constitué en strophes, c'est-à-dire des « entités dans lesquelles une pluralité de vers se trouve réunie en un ensemble structuré[2] ». Cette définition convient aussi bien aux strophes des chansons qu'à celles des poèmes. D'ailleurs, la chanson est aussi un genre poétique.

---

[1] Theodor ELWERT, *Traité de versification française des origines à nos jours*, p. 142.

[2] *Ibid.*, p. 133, n° 177. *Le Petit Robert* donne une définition analogue de la strophe : « Ensemble formé par plusieurs vers, avec une disposition déterminée de mètres et de rimes qui assure sa cohésion. »

Nous excluons de cette deuxième catégorie, même si elles sont strophiques, les chansons qui font partie des autres catégories comme les chansons en dialogue, les chansons énumératives, les chansons courtes, les chansons faites sur un timbre et les chansons littéraires. Une chanson peut contenir un dialogue comme élément de narration sans être entièrement en dialogue. Il en va de même pour l'énumération : elle peut ne pas déterminer une forme purement énumérative. Les fragments des chansons peuvent parfois être identifiés comme appartenant à une chanson plus longue. Quant aux chansons littéraires ou faites sur un timbre, il est facile de se méprendre à leur sujet, mais il faut toujours être disposé à corriger une erreur par un changement de catégories et par l'établissement de renvois. L'étude de la chanson populaire demande une grande humilité.

Il est souvent très difficile de découvrir la structure d'une strophe. Nos chansons sont anonymes et ne nous sont parvenues qu'après un long cheminement de transmission orale. Alors, l'intermédiaire qui transcrit une version n'en donne souvent qu'une approximation selon ses connaissances. Il peut, devant la difficulté, qualifier la chanson d'informe et prétendre que l'auteur, le peuple, ne s'est pas soucié de la rime ni du nombre de syllabes. Il peut, à l'inverse, corriger, interpréter, restaurer, compiler différentes variantes et refaire la chanson. P. Coirault a relevé plusieurs témoignages sur les prétendues restaurations, réfections. Devant une telle constatation, nous émettons en principe que les versions imprimées ne sont pas supérieures aux versions enregistrées sur ruban magnétique. Il ne faut pas négliger les imprimés, mais les considérer avec un esprit critique. Dans notre domaine, la prudence recommande de se garder des jugements hâtifs.

Seule l'étude comparée de plusieurs versions peut nous révéler la ou les structures versifiées d'une chanson. La musique peut aussi nous aider dans notre recherche strophique. Il arrive même qu'après l'examen de plusieurs versions nous ne sommes pas encore définitivement fixés. Dans la majorité des cas cependant, c'est lorsque nous avons surtout des versions publiées. Rien n'est plus embarrassant qu'une version retouchée et, naturellement, plusieurs versions retouchées. Évitons de poser *a priori* qu'une chanson n'a qu'une seule structure strophique mais, au contraire, soupçonnons qu'elle puisse en avoir plusieurs et nous serons plus près de la vraie solution.

Prenons, comme exemple, une chanson qui présente plusieurs difficultés : *la Belle qui fait la morte pour son honneur garder*. Nous en connaissons plus de cent cinquante-huit versions (91 canadiennes, 54 de France, 6 de Suisse, 4 de Belgique, 3 des États-Unis d'Amérique). Champfleury, qui semble reprendre la version d'Achille Allier (1834), lui donne onze couplets disposés ainsi :

> Au château de la Garde
> Il y a trois belles filles;
> Au château de la Garde
> Il y a trois belles filles
> Il y en a un' plus belle que le jour
> Hâte-toi, capitaine,
> Le duc va l'épouser.
>
> En dedans son jardin,
> Suivi de tout' sa troupe,
> En dedans son jardin,
> Suivi de tout' sa troupe,
> Entre et la prend sur son bon cheval gris,
> Et la conduit en croupe
> Tout droit en son logis.
>
> Aussitôt arrivé',
> L'hôtesse la regarde :
> Aussitôt arrivé',
> L'hôtesse la regarde :
> « Êt's-vous ici par force ou par plaisir ? »
> — « Au château de la Garde
> Trois cavaliers m'ont pris. »
>
> Dessur ce propos-là,
> Le souper se prépare,
> Dessur ce propos-là,
> Le souper se prépare :
> « Soupez la bell', soupez en appétit :
> Hâte-toi, capitaine,
> Voici venir la nuit. »[3]
> etc.

Champfleury la dispose en strophes de cinq vers : $6m + 6f + 10(4+6)m' + 6f' + 6m'$. Nous constatons aisément que les vers de six syllabes ont

---

[3] CHAMPFLEURY, *Chansons populaires des Provinces de France*, p. 95.

des coupes factices. L'unité syntaxique est rétablie lorsqu'on réunit ces petits vers en alexandrins, ce qu'a fait Doncieux :

> Dessous le rosier blanc   la belle se promène,
> Blanche comme la neige,   belle comme le jour;
> Trois jeunes capitaines   lui vont faire l'amour.
>
> Le plus jeune des trois   la prend par sa main blanche
> « Montez, montez, la belle,   dessus mon cheval gris
> Qu'à Paris je vous mène,   dans un fort beau logis. »
>
> Aussitôt arrivé',   l'hôtesse la regarde :
> « Ah ! dites-moi, la belle   dites-moi sans mentir,
> Êtes-vous ci par force   ou bien pour vo [sic] plaisir ? »[4]
> Etc.

Doncieux donne comme formule strophique des « tercets de vers de douze syllabes : 6+6, le premier féminin, qui ne rime pas, les deux autres, masculins rimant ensemble ». Il ajoute que « plusieurs versions françaises de l'Est [...] offrent cette particularité, que le second vers, par un abrégement du premier hémistiche, est réduit au décasyllabe coupé à 4+6 ». En fait, le premier hémistiche du deuxième vers peut facilement être raccourci car il contient souvent deux syllabes muettes ou un mot répété comme « montez, montez », « sonnez, sonnez », « ouvrez, ouvrez », « soupez, soupez ». Ce tercet peut donc être isométrique ou hétérométrique : $3 = 12fmm$ ou $3 = 12f + 10m + 12m$.

La césure des vers masculins se termine par une féminine non élidée. La césure du vers féminin est masculine. Nous avons ici un bon exemple de la loi des césures inverses, formulée par Doncieux.

Le plus curieux dans ces tercets, c'est le premier vers féminin qui est blanc, c'est-à-dire qui ne rime pas. C'est une constante dans toutes les versions : les deux vers masculins riment entre eux et le vers féminin ne rime pas. Comment expliquer cette singularité ? On peut penser que le premier vers étant bissé, cela crée une rime féminine artificielle, mais plusieurs versions ne bissent pas ce vers. C'est le cas des exemples cités dans l'ouvrage de Rossat[5]. Y avait-il au départ rime des vers féminins d'une strophe à l'autre ? Aucune version ne nous permet d'y croire. Ce cas

---

[4] *Le Romancéro populaire de la France*, p. 272.

[5] *Les Chansons populaires recueillies dans la Suisse romande*, vol. I, p. 64-65.

n'est cependant pas isolé, il se rencontre dans la majorité des tercets. Il faudrait une étude exhaustive des tercets dans plusieurs chansons. Voyons par exemple: *le Retour du mari-soldat: trois enfants* (8*fmm*), *le Galant a fait l'amour à cent cinquante* (8*fmm*), *le Retour du soldat: sa blonde morte* (12*fmm*), *le Départ pour les chantiers: le plus jeune pleure* (12*fmm*), *le Galant marié* (12*fmm*), *la Soutane du curé* (12*f*+10*m*+12*m*)[6], etc. La formule inverse existe aussi, *mff*, c'est alors le vers masculin qui ne rime pas. Le tercet est une forme rejetée par les poètes lettrés en français. Il a donc un caractère plus populaire.

Il existe une autre formule populaire qui pourrait aussi bien être un tercet qu'un quatrain. Je veux parler de celle de la chanson *les Noces du faiseux de sabots*. La formule strophique est: 7*f*+7*f*+7*m* (*o*)+refr. (*o*) ou bien 7*m*+7*m*+7*m'* (*o*)+refr.(*o*).

—1—

C'était le bonhomme Saint-Jules
Qui voulait marier sa fille
À un vendeur de sabots
Varle, varle, varlingette
À un vendeur de sabots
Varle, varle, varlingo.

—2—

Il avait pour héritage
Un p'tit boeu' pis une p'tite vache
Et puis du beurre plein ses sabots,
Varle, varle, varlingette
Et puis du beurre plein ses sabots,
Varle, varle, varlingo.

—3—

Mais quand ça vient pour la noce
Nous avions d'la fort bonne soupe
Faite avec des ailes de mouche,
Varle, varle, varlingette
Faite avec des ailes de mouche,
Varle, varle, varlingo.

---

[6] Ces titres sont ceux de notre *Catalogue de la chanson folklorique française*. Les formules strophiques sont communes à la majorité des versions de chaque chanson.

—4—

Nous avions des fort bonnes prunes
Par quatre nous n'en mangions qu'une
La mariée suçait les peaux,
Varle, varle, varlingette
La mariée suçait les peaux,
Varle, varle, varlingo.

—5—

Mais drét la première nuit
La mariée a chié au lit
C'était d'la faute des peaux,
Varle, varle, varlingette
C'était d'la faute des peaux,
Varle, varle, varlingo.

—6—

Son mari qui est plus poli
S'en va chier par un chassis
Sur la tête d'un charrieux d'eau
Varle, varle, varlingette
Sur le tête d'un charrieux d'eau
Varle, varle, varlingo.

—7—

Quand ça vient pour la noce
Nous étions quatre par carrosse
La mariée à joual sur un pourceau,
Varle, varle, varlingette
La mariée à joual sur un pourceau,
Varle, varle, varlingo.[7]

Cette chanson avec son refrain intercalé et sa rime en *o* constante à chaque strophe, se rapproche beaucoup de la forme en laisse. Bien que nous n'en connaissions qu'une cinquantaine de versions, nous avons noté qu'elles ont plus d'une formule strophique. Il y a même des versions en laisse : $14 = 7m + 7f$ (*i-e*). Il y a un bon nombre de versions contenant deux vers en *o* en plus de ceux du refrain.

---

[7]*Varlingo*, chantée le 29 juillet 1956 par Arthur Tremblay, 75 ans, à Hébertville Village (Lac-Saint-Jean). (Archives de folklore, Collection Conrad Laforte, enrg. n° 467.)

—1—

C'est le bedeau de St-David
Qu'il veut faire marier sa fille
Avec un vendeux d'agneaux
Berlinguette,
Qui avait la peau les os
Berlinguette et Berlingot.

—2—

Après qu'il' ont eu été mariés
A fallu les faire manger
C'était un rôti d'agneau
Berlinguette,
La mariée lichait la peau
Berlinguette et Berlingot.[8]
Etc.

Ces formes archaïques qui semblent être issues de la chanson en laisse sont apparentées au fameux *Ô filii, ô filiae*, ce timbre si fertile en chansons populaires. Nous rencontrons d'autres formules qui s'en rapprochent comme l'ancienne chanson de *Jean de Nivelle* et celle de *Marianne s'en va-t-au moulin*. Dans *Jean de Nivelle*, la rime constante est en *elle* pour rimer avec *Nivelle* du refrain. Dans *Marianne s'en va-t-au moulin*, il y a comme deux rimes refrains: *âne* et *Marianne, Catin* et *moulin*.

La chanson strophique n'a pas que des formules complexes; elle en a de très simples et tout aussi archaïques, comme des quatrains à rimes plates et masculines, par exemple: *la Fille du roi Loys* (8mmm'm'), *Jean Renaud* (8mmm'm'), *Galant, tu perds ton temps* (10mmm'm'), etc. Nous ne les énumérerons pas tous. Ces exemples suffisent à montrer les problèmes que l'on rencontre dans la recherche d'un principe de classification d'après les strophes à forme fixe.

Avant de proposer définitivement une classification des structures strophiques de ces chansons, il serait bon d'examiner deux classifications déjà existantes: l'une populaire et ancienne, celle de *la Clé du Caveau*[9], l'autre, savante et récente, faite par István Frank[10]. Ce dernier, de l'École

---

[8] *Berlingot*, chantée le 29 août 1956, par Henri Saulnier, 47 ans, de Sheila (Gloucester). (Archives de folklore, Collection Luc Lacourcière, enrg. n° 3116).
[9] [Pierre CAPELLE], *la Clé du Caveau.*
[10] *Répertoire métrique de la poésie des Troubadours...*, vol. II, p. 52.

des Hautes Études, tire son tableau des poésies des troubadours, tandis que Pierre Capelle, libraire et éditeur, qui a eu son moment de célébrité au Caveau moderne vers 1810, compose le sien pour les chansonniers et vaudevillistes à la mode au début du XIXe siècle.

Voici le schéma des formules strophiques telles que les dispose P. Capelle dans *la Clé du Caveau* :

TABLEAU DES COUPES RÉGULIÈRES
[c'est-à-dire ISOMÉTRIQUES]

Couplets de 12 vers (8, 7, 6 syllabes)
Couplets de 11 vers (8, 7 syllabes)
Couplets de 10 vers (8, 7, 6 syllabes)
Couplets de 9 vers (8, 6 syllabes)
Couplets de 8 vers (12, 10, 8, 7, 6, 5, 4 syllabes)
Couplets de 7 vers (10, 8 syllabes)
Couplets de 6 vers (10, 8, 7, 6 syllabes)
Couplets de 5 vers (10, 8, 5 syllabes)
Couplets de 4 vers (12, 10, 8, 7, 6 syllabes)

TABLEAU DES COUPES IRRÉGULIÈRES ou AIRS DITS DE FACTURE
[c'est-à-dire HÉTÉROMÉTRIQUES]

Couplets au-dessus de 12 vers
Couplets de 12 et de 11 vers
Couplets de 10 vers
Couplets de 9 vers
Couplets de 8 vers
Couplets de 7 vers
Couplets de 6 vers
Couplets de 5 vers
Couplets de 4 vers

Le tableau des coupes irrégulières se continue en contre-danses, valses, allemandes, anglaises, tyroliennes, polonaises, boléros, bourrées, branles et autres airs de danse : rondeaux, cavatines et barcarolles ; airs de chasse et carillons; airs qui se terminent en rondeau ou dont les premiers vers sont répétés à la fin; airs à reprises, propres à des choeurs et à des rondes; airs dont les finales seulement sont répétées et qui sont plus particulièrement propres à des rondes, etc.

Capelle a voulu présenter des divisions pratiques et utiles aux musiciens et chansonniers du Caveau. Mais Istvàn Frank, dans le volume II de son étude du *Répertoire métrique de la poésie des Troubadours*, s'adresse aux chercheurs académiques: son vocabulaire est plus précis et ses divisions sont plus logiques. Voici son tableau.

TABLEAU DES FORMULES SYLLABIQUES

1. STROPHES MONOMÉTRIQUES

Vers de 12 syllabes
Vers de 10 syllabes (strophes de 4, 5, 6, 7, 8, 9, 10, 11, 12, 14 vers)
Vers de 8 syllabes (strophes de 4, 5, 6, 7, 8, 9, 10, 11, 12, 13 vers)
Vers de 7 syllabes (strophes de 3, 4, 6, 7, 8, 9, 10, 11, 12, 13 vers)
Vers de 6 syllabes
Vers de 5 syllabes
Vers de 1 syllabe

2. STROPHES POLYMÉTRIQUES

Combinaisons comprenant des vers de 14, 13, 12, 11 et 9 syllabes.

Combinaisons de deux types de vers
Combinaisons de trois types de vers
Combinaisons de quatre types de vers
Combinaisons de cinq types de vers
Combinaisons de six types de vers
Combinaisons de sept types de vers.

À la suite de ce tableau des formules strophiques, István Frank ajoute des « Tableaux et listes divers » où il classe la chanson à refrain, les pièces à coblas rétrogadas, des pièces à coblas capcaudadas, des pièces à coblas capfinidas, etc. Il ajoute finalement le « Tableau des formules non strophiques », dans lequel il classe les laisses monorimes par le nombre de syllabes des vers (12 à 6 syllabes). Nous avons classé les laisses de nos chansons de la première catégorie d'après le même principe sauf que nous les avons disposées en ordre ascendant de six syllabes à seize syllabes: la longueur du vers populaire allant au delà de l'alexandrin.

Capelle et Frank ont, tous les deux, la grande division en isométrique et hétérométrique, qu'ils nomment cependant différemment. Capelle divise les strophes d'abord par le nombre de vers et les subdivise par le nombre de syllabes. Frank, au contraire, divise les strophes par le nombre de syllabes des vers et les subdivise par le nombre de vers. Mais tous deux comptent à rebours, c'est-à-dire en commençant par les formes les plus longues.

Dans le tableau des formules strophiques que nous proposerons, nous conservons les deux grandes divisions en strophes isométriques composées de vers de longueur identique et en strophes hétérométriques composées de vers de longueurs différentes. Nous y ajoutons aussi quelques groupes spéciaux plus complexes. Par exemple, les chansons à refrain et celles qui ont des formes fixes connues comme la ballade française, etc. Le tableau que nous avons préparé donne l'idée de ce que sera cette classification strophique. Comme exemples, nous n'avons retenu qu'un nombre restreint de chansons, car il y a dans cette catégorie environ mille chansons types représentées par plus de dix mille versions.

Les strophes sont divisées par le nombre de vers, subdivisées par le nombre de syllabes des vers et, finalement, par la rime. La masculine vient avant la féminine. Les nombres progressent au lieu de diminuer. Nous avons adopté des formules presque algébriques pour les décrire en tenant compte du nombre de syllabes du vers et des hémistiches pour les vers à césure, et en tenant compte des rimes masculines et féminines. Exemple: $4 = 10(4+6)$ *fmfm* veut dire un quatrain isométrique en vers de dix syllabes (césure $4+6$) à rimes alternées ou croisées, c'est-à-dire féminine, masculine, féminine, masculine.

Les strophes hétérométriques offrent plusieurs particularités qui nous amènent à des formules comme celle-ci: $4=2$ de $6mm+2$ de $12(6f+6)$ *m'm'* ce qui se traduit ainsi: quatrain hétérométrique$=2$ vers de 6 syllabes, rimes masculines (rimant 2 à 2) et deux vers de douze syllabes (césure 6 féminine$+6$) rimes masculines (rimant 2 à 2). Cette formulation précise qui tient compte de tous les éléments de la versification nous semble simple et facile à retenir et à utiliser.

TABLEAU DES FORMULES STROPHIQUES

Nous désignons les chansons par les *titres communs* établis au *Catalogue de la chanson folklorique française*.

1. STROPHES ISOMÉTRIQUES

Distiques

8*mm*	*Les Anneaux de Marianson*
10(4+6)*fm*+refr.	*L'Amant malheureux* (Voir aussi 4 = 10 (4+6)*fmf'm'* +refr.)
10*fm*	*L'Amant refusé par les parents* (aussi+ ref.) Voir aussi 4=10*fmfm*

Tercets

8*mmm'* (*a*)+refr.	*Alleluia*
8*fmm*	*L'Amant assassin et sa mère* (Voir aussi hétérométrique 8*f*+6*m*+8*m*); *L'Amant assassin; Amant, je t'aime encore; l'Amant refusé par le père; le Galant a fait l'amour à cent cinquante; le Retour du soldat: trois enfants*
10(6*f*+4)*mm'm'*	*La Bergère muette* (aussi *mmm'*)
10(4+6)*f*+(4*f*+6)*mm*	*Elle a ravi le coeur du marinier*
12(6*f*+6)*mm'm'*	*Le Bouquet*
12(6*m*+6)*f*+(6*f'* +6)*m'm'*	*Le Galant marié; la Belle qui fait la morte pour son honneur garder*

Quatrains

6*fmfm*	*La Délaissée qui pleure nuit et jour*
7*fmfm*	*Les Amants séparés par le père*
8*mmm'm'*	*La Fille du roi Loys; Renaud (Jean); le Bateau chargé de blé* (avec refr.) Voir aussi laisse 8*m*(é)
8*mmff*	*L'Anneau de la fille tuée* (aussi *ffmm*); *l'Amant désolé; Cadet Rousselle; le Galant sans argent; la Mort du colonel*

8*fmm'm'*	*L'Amant assassin* (Voir aussi 3=8*fmm*)
8*fmfm*	*Beau Vigneron, bonne nouvelle; Réveillez-vous, belle endormie*
10(4*m*+6)*mmm'm'*	*Galant, tu perds ton temps*
10(4+6)*fmfm*	*Amant que faut-il faire?; la Belle prend le voile* (avec refr.); *le Berger infidèle regretté; Galant, j'ai changé d'amant*
12(7+5)*mmm'm'*	*Le Galant volé par la belle au cabaret*
14(7+7)*mmm'm'*	*Les Amants refusés se noient*

Strophes de 5 vers

7*mmfm'* (*a*)*f*	*La Belle aimée d'un voyageur*

Strophes de 6 vers

6*mmfm'm'f*	*Pyrame et Thisbé*
6*mmmm'm'm'*	*L'Amant refusé par le père: elle suivra ses pas*
6*fmfmm'm'*	*Le Juif errant*
7*mmfm'fm'*	*Un jour le berger Tircis; le Jardinier du couvent*
7*mmffm'm'*	*Allons gai compère lutin*
8*mmfmmf*	*Le Baiser accompagné de plusieurs autres*
8*mmffm'm'*	*L'Abbé vert; Alexandre*
8*mfmfm'm*	*L'Amant confesseur; l'Amant et la Belle dans un jardin; l'Amant fidèle et le Vin; le Flambeau d'amour*
10*fmfmfm*	*Le Berger et la Bergère*
10*fmfmf'f'*	*Amarilis, vous êtes blanche et blonde*

Strophes de 8 vers

7*fmfmf'm'f'm'*	*Au sang qu'un Dieu va répandre; le Berger infidèle*
8*mffmf'm'f'm'*	*Adieux de la mourante*

8*fmfmm'fm'm'*	*Adieu ma charmante maîtresse*
8*fmfmf'm'f'm'*	*Les Adieux de Pierre; l'Argent est un dieu sur terre*

2. STROPHES HÉTÉROMÉTRIQUES

Tercets

12*f*+2 de 10*m*	*La Prise de la ville*
14 (8*m*+6)*f*+2 de 8*m'm'* +refr. intercalé	*Les Bans* (Voir aussi 4=8*m*+6*f*+2 de 8*m'm'* +refr. intercalé)
16(8*f*+8)*m*+2 de 12 (6*m'*+6)*ff*	*Le Galant sans argent: le manteau*

Quatrains

2 de 6*mm*+2 de 12(6*f*+6) *m'm'*	*La Bergère aux champs*
2 de 8*mm*+2 de 6*m'm'*	*La Gamelle*
8*f*+4*m*+8*f*+4*m*	*Le Garçon gêné*
3 de 8*mmf*+4*f*	*Le Batelier et la Bergère*
2 de 8*mm*+2 de 10(4+6)*ff*	*La Batelière*
2 de 8*mm*+2 de 10*ff*	*La Bergère qui compose une chanson*
8*m*+6*f*+2 de 8*m'm'* +refr. intercalé entre 3ᵉ et 4ᵉ vers	*Les Bans* (Voir aussi 3=14(8*m*+6)*f*+2 de 8*m'm'*)
2 de 10*ff*+2 de 8*mm*	*L'Amant refusé (la chapelle)* (Voir aussi 4=2 de 8*ff*+2 de 10*mm*

Strophes de 5 vers

12(6*f*+6)*m*+4 de 6*ffm'm'*	*Galant, retirez-vous*

Strophes de 6 vers

2 de 8*mm*+6*f*+2 de 8*m'm'*+6*f*	*Le Galant refusé: le père n'a pas assez d'argent*
8*m*+4*m*+8*f*+4*m'*+8*f*+4*m'*	*Adam et Ève au Paradis*
3 de 8*fmm*+6*f'*+8*m*+6*f'*	*L'Amant assassin: le garçon mal avisé*
2 de 8*fm*+4 de 6*fmfm*	*La Bouteille ou les yeux doux*
2 de 10*mm*+4 de 6*m'm'm'm'*	*Amant, que tu me fais languir*

Strophes de 8 vers

4 de 6*fmfm* +2 de 7*f* '*m*' +2 de 6*f*'*m*'	*Adieu chère Nanette*
6*f* +7*m* +6*f* +7*m* +6*f* ' +7*m*' +6*f* ' +7*m*'	*L'Amant abandonné*

Strophes de 9 vers

5 de 6*mffmm* +2 de 7*f* '*f* ' +2 de 6*m*'*m*'	*À table réunis*

Le tableau des formules strophiques de la deuxième catégorie est, à peu de chose près, le même que nous retrouvons dans les traités comme celui de Capelle et celui de Frank. Mais, contrairement à ces derniers qui placent le classement de cette catégorie en tête de leur traité, nous tenons à donner la première place à la chanson en laisse parce qu'elle a une structure plus archaïque.

En outre, nous constatons dans les deux classifications de Capelle et de Frank qu'à la suite des deux grandes divisions majeures en strophes isométriques et hétérométriques ils ajoutent des divisions supplémentaires. C'est que, théoriquement, toutes les chansons ou poésies devraient entrer dans ces deux divisions mais, en pratique, il est plus utile de regrouper les chansons qui ont des caractères communs pour les étudier ensemble. Nous aussi, nous ajoutons donc des catégories supplémentaires: la matière non seulement s'y prête mais l'exige pour une meilleure compréhension. Suivront donc cinq autres catégories: chansons en forme de dialogue, chansons énumératives, chansons brèves, chansons sur les timbres, chansons littéraires recueillies comme folkloriques.

Avant de passer aux autres catégories, il est bon d'examiner le stock de chansons strophiques à forme fixe pour découvrir les autres possibilités de classification. En effet, elles peuvent aussi être divisées d'après les genres: les genres narratifs et les genres qui ne le sont pas, comme les chansons de circonstance, les chansons descriptives et les chansons d'éloges, etc.

Les chansons narratives sont les plus importantes et les plus intéressantes de cette catégorie. Elles se divisent en trois groupes: les récits tragiques, les récits romanesques et les récits comiques.

Les récits tragiques peuvent être à caractère épique ou à caractère religieux. Les récits à caractère épique nous font penser à l'épopée naturelle; n'est-elle pas un récit légendaire, héroïque et merveilleux, fruit du travail collectif d'une nationalité adolescente? Les chansons comme *Jean Renaud, les Anneaux de Marianson, le Chevalier à la claire épée, la Fille du maréchal de France, la Fille du roi Loys, le Flambeau d'amour, Dame Lombarde, l'Amant assassin, Renaud, le tueur de femmes, la Mort du colonel*, etc., ne contiennent-elles pas des récits légendaires, héroïques et merveilleux? Les personnages de ces chansons semblent sortir d'une période «antéhistorique», c'est-à-dire avant la naissance de l'histoire. Qui peut se vanter d'avoir identifié avec certitude cette fille du roi Loys, celle du maréchal de France, ce Renaud, ce colonel, cette Marianson, cette Dame Lombarde et autres? Pour ce qui est du travail collectif, l'amas des versions et des multiples variantes ne nous permet pas d'en douter. Uniquement leur peu d'étendue nous empêche de les ranger parmi les épopées. Une des plus longues, *Jean Renaud*, dépasse rarement plus de vingt-cinq couplets. Ne serions-nous pas en présence de fragments d'épopées européennes perdues? L'une d'elles, *Renaud, le tueur de femmes*, a fait l'objet d'une étude comparée et on en a retrouvé des versions et des traces dans tous les pays d'Europe[11]. Nous présumons que les chansons de ce groupe peuvent avoir ce caractère universel.

Les récits à caractère religieux et hagiographique racontent ordinairement des miracles, des martyres, des punitions exemplaires. Parmi les miracles que nous pouvons signaler: *la Fuite en Égypte, Notre Seigneur en pauvre, Saint Nicolas et les trois clercs, la Vieille Sacrilège, la Bergère muette, la Sainte Vierge aux cheveux pendants*, etc. Parmi les martyres: *le Martyre de sainte Reine, le Martyre de sainte Catherine* (qui a aussi des versions en laisse), *le Martyre de sainte Barbe, le Martyre de sainte Marguerite*, etc. Parmi les punitions exemplaires: *la Fille et les Trois Cavaliers immobiles, la Jeune Mariée emportée par le diable, la Danseuse et le Diable, la Mariée chez Satan, les Danseurs châtiés, le Blasphémateur changé en chien*, etc.

---

[11] Holger Olof Nygard, *The Ballad of Heer Halewijn...* (F.F. Communications n° 169).
Cette étude utilise des versions canadiennes fournies par M. Barbeau.

Ne doivent entrer dans ce groupe que des chansons narratives, à l'exclusion de tous les autres genres, tels que les berceuses, les cantiques, les prières et autres hymnes célébrant des saints et leur fête. Ces chansons sont généralement de la sixième catégorie puisqu'elles sont faites sur des timbres.

Les récits tragiques ont particulièrement retenu l'attention des chercheurs et des amateurs de chansons de folklore. Les romantiques les ont appelées complaintes, puis Tarbé, Doncieux, Barbeau et d'autres ont publié des romancéros. Ces deux termes aujourd'hui manquent de précision. Le mot espagnol *Romancéro* désigne des chansons lyrico-épiques mais les compilateurs de romancéros n'ont pas compris que des chansons épiques dans leurs recueils: ce qui créa une confusion. En outre, la vogue aux XVIIIe et XIXe siècles de la romance, synonyme de chanson sentimentale, a contribué à rendre le sens du mot *romancéro* difficile à comprendre. Le mot *complainte* insiste surtout sur le ton plaintif de la mélodie de ces chansons. Le sens moyenâgeux désignait une plainte, une lamentation et n'évoquait rien de narratif. Il pouvait s'appliquer aussi bien aux récits romanesques.

Les récits romanesques racontent des aventures mélodramatiques ou idylliques qui tiennent souvent du genre comique.

En voici quelques exemples:

La Belle endormie sur le pont de Londres, la Belle promettant un cheval (en peinture), le Galant en nonne, la Fille matelot, la Fille habillée en page, Elle a ravi le coeur du marinier, le Fard, le Geai, etc.

Les récits comiques racontent nécessairement des histoires drôles telles que les suivantes:

Les Confitures (qui est aussi un timbre très populaire), *la Belle qui louche, À la papa, Allons gai compère lutin, Ma femme est morte, Catherine elle se marie, Maître Olivier,* etc.

Les récits comiques et romanesques sont beaucoup moins caractérisés comme genre narratif que les récits tragiques à caractère épique et religieux.

Les genres non narratifs groupent un grand nombre de chansons où il ne peut être question de narration mais de description, de sentiment, d'éloge, d'événement, de célébration, etc. Devant l'abondance de ces chansons plus ou moins folkloriques, il nous semble avantageux de choisir certains thèmes populaires florissants pour grouper autour d'eux tout un cycle de chansons. Nous avons pu, après un examen attentif du répertoire, obtenir ainsi six groupes cycliques principaux :

1. Les chansons amoureuses à caractère idyllique et bucolique :

   a) à caractère idyllique : les plaintes amoureuses, par exemple : *l'Amant malheureux, l'Amant refusé par le père, la Belle soutiendra ses promesses, la Belle est sujette aux changements, le Bouquet, Lisette, ô ma Lisette, Rossignolet du bois,* etc.

   b) à caractère bucolique : les chansons de berger et de bergère qui ne sont pas composées en dialogue, par exemple : *la Bergère qui compose une chanson, la Bergère aux champs,* etc.

2. Les chansons saisonnières qui se chantent à l'occasion des fêtes, des quêtes, du mardi-gras, du carême, du jour de l'an, du mai, etc.

3. Le cycle des chansons de voyages : les départs des conscrits (tirage au sort), des soldats, des marins, des compagnons; les départs pour les Îles, pour l'Amérique, pour les chantiers forestiers; les retours; l'engagé, le déserteur, l'ennui, les messages, les messagers (rossignols); les navigations, les compagnons, les soldats; les chantiers forestiers, la drave, les moissons, les cueillettes, etc.

4. Les chansons sur l'état civil et les conditions sociales : sur les célibataires, les femmes, les maumariés, les maris (cocus), les moines, les curés; sur les couvents, sur la confession; enfin, les chansons donnant des conseils.

5. Le cycle des chansons qui se chantent aux cérémonies de passage, comme les baptêmes, les anniversaires, les noces, surtout celles qui se font autour d'une table. Ce sont de vraies chansons de circonstance. Sans doute on peut chanter n'importe quelle chanson à une noce, mais il y en a qui ne peuvent être chantées que par des participants à la noce, ainsi une chanson est propre à chacune des personnes présentes : le marié, la mariée, le père, la mère, les parents et les invités.

6. Les chansons à boire et les chansons d'ivrogne forment deux groupes de chansons : celles qui célèbrent le vin ou qui accompagnent les liba-

tions et, en second lieu, celles qui racontent un récit réaliste ou comique d'un ivrogne aux prises avec son épouse. Dans le premier groupe nous aurons des chansons comme: *Buvons, chantons, aimons et rions.* La célébration du vin a été un genre tellement pratiqué par les poètes lettrés, petits et grands, que nous pouvons nous demander dans quelle mesure il est populaire. On a même fait des recueils spéciaux exclusivement consacrés à ce genre, *le Chansonnier bachique,* par exemple. Certaines de ces chansons à boire, très répandues parmi le peuple, ont révélé leur auteur après quelques recherches: *Commençons la semaine,* par Armand Gouffé (1775-1845). Elles sont ordinairement faites par un lettré sur un timbre qui peut être populaire. Celles qui racontent des histoires d'ivrogne semblent beaucoup plus populaires, Nous avons dans ce groupe la célèbre *Femme du roulier* et beaucoup d'autres comme *l'Ivrogne grondé par sa femme, Ivrogne — Le frère Nicolas,* etc.

Ces divisions des chansons strophiques par genres narratifs et genres non narratifs (subdivisées par thèmes cycliques) semblent à première vue plus faciles et plus abordables, mais elles nous font penser à la classification Ampère où l'on mêle les genres, les thèmes et les fonctions sociales. Dans le but d'éviter cette confusion, nous attachons plus d'importance à la classification par formules strophiques, qui limite le répertoire à examiner. Normalement il n'y a que les chansons de la deuxième catégorie qui seront subdivisées ainsi par genre. Cependant il serait possible d'étendre ce classement à l'ensemble des chansons. Ce serait possible et peut-être souhaitable avec l'utilisation des ordinateurs électroniques. La connaissance des thèmes serait facilitée d'autant par cette approche. Mais pour une meilleure compréhension de la chanson folklorique, en général, c'est l'étude des formules strophiques qui nous apparaît de première importance.

TROISIÈME CATÉGORIE

Chansons en forme de dialogue

Un recueil du début du XVIIᵉ siècle[1] emploie l'expression *en forme de dialogue* pour une série de chansons où il y a dialogue entre le berger et la bergère, entre l'amant et l'amie, entre des personnages tels que Corydon et Phyllis, entre la fille et sa mère, entre des capucins, etc. On y trouve même une chanson en écho. Que ces chansons soient présentées en tête du recueil montre bien leur importance publicitaire, c'est-à-dire leur vogue à l'époque.

La structure des chansons de cette troisième catégorie est caractérisée par un dialogue chanté. Deux personnes, jouant les rôles de personnages fictifs, chantent sous forme de dialogue. Apparentées aux anciens débats, pastourelles, descorts, jeux-partis, elles sont constituées d'éléments théâtraux. Ce sont de petites comédies à deux personnages. Le ton y est léger et comique dans le but de divertir entre deux danses, comme une sorte de théâtre de salon. Ce goût français pour le théâtre a été vivace aussi bien à la cour que dans les veillées du peuple.

Deux principes de classification se dégagent de la chanson en dialogue: la formule strophique et les personnages. Par la formule strophique, ces chansons ne se distinguent pas de celles de la deuxième catégorie: leurs

---

[1] *La Fleur de toutes les plus belles chansons qui se chantent maintenant en France. Tout nouvellement faites et recueillies.* Imprimé à Paris, l'an MDC.XIV [1614]. [Sans éditeur et sans privilège de Sa Majesté]. Ce volume fut vendu sous le manteau au temps de Louis XIII, c'est-à-dire sous la régence de Médicis.

strophes sont ordinairement à forme fixe. Certaines chansons en dialogue peuvent cependant figurer aussi parmi les chansons en laisse, par exemple, *le Curé de Terrebonne.* En outre, quelques chansons énumératives sont en même temps en dialogue comme *les Métamorphoses, le Moine tremblant et la Dame,* etc. Nous les retrouverons au chapitre de la quatrième catégorie.

Par définition, la 3e catégorie exclut les chansons où il y a un narrateur, même si elles intercalent un dialogue comme figure de style. Les deux personnages qui dialoguent sont essentiels à ces chansons.

Cependant le changement d'interlocuteur ne se fait pas nécessairement à chaque strophe. Dans certains dialogues comme celui de *Cartouche et Mandrin,* les personnages se répondent par une strophe entière. Mais il y en a d'autres, comme le débat du *Pénitent et l'Ivrogne,* où l'interlocuteur varie plusieurs fois dans une même strophe. Il change six fois dans le premier quatrain de la version du Ms. Hayez, citée par Coirault.

> P. Qui es-tu qui vas chantant? — I. Qui es-tu toi qui me cites?
> P. Je suis un Pénitent qui va pleurant sa vie.
> I. Je pleure incessamment. — P. Tes desseins sont pieux.
> I. J'entends lorsque le vin me « sorte » par les yeux.[2]

Cette façon de composer un débat était familière à François Villon puisque son *Débat du cuer et du corps* a même particularité. Dans le premier dizain de sa ballade, l'interlocuteur change quinze fois:

> Qu'est ce que j'oy? — Ce suis je! — Qui? — Ton cuer,
> Qui ne tient mais qu'à ung petit filet:
> Force n'ay plus, substance ne liqueur,
> Quant je te voy retraict ainsi seulet,
> Com povre chien tapy en reculet.
> — Pour quoy est ce? — Pour ta folle plaisance.
> — Que t'en chault il? — J'en ay la desplaisance.
> — Laisse m'en paix! — Pour quoy? — J'y penserai.
> — Quant sera ce? — Quant seray hors d'enfance.
> — Plus ne t'en dis. — Et je m'en passeray.[3]

[2] *Recherches sur notre ancienne chanson populaire traditionnelle.* Exposé II, p. 119.

[3] Dans *Poètes et Romanciers du Moyen Âge.* Texte établi et annoté par Albert Pauphilet. [Paris, Gallimard, 1952] p. 1218. (Bibliothèque de la Pléiade).

Pour bon nombre de chansons une certaine fantaisie préside à ce changement d'interlocuteurs. Nous connaissons d'autres cas comme dans *Corbleur, Sambleur, Marion,* où chaque personnage a une formule strophique et un refrain propres.

Malgré ces particularités, les deux personnages demeurent essentiels à tout dialogue. Ils peuvent donc être à la base du deuxième principe de classification de cette catégorie. Nous avons trouvé dans les chansons en dialogue les interlocuteurs suivants qui forment autant de divisions de ce groupe :

1. La fille et l'amant
2. La bergère et le galant
3. La fille et la mère
4. La fille et le confesseur
5. La femme et le mari
6. Des personnages historiques et légendaires
7. Des personnifications (personnages fictifs ou abstraits).
8. Une personne et un groupe

1. LA FILLE ET L'AMANT

Le dialogue entre une belle et son amant ne peut avoir comme sujet que l'amour. Les deux amoureux en termes galants supplient, repoussent, se plaignent ou se consolent. Dans *les Métamorphoses,* la belle, en se transformant, échappe à son amoureux qui est également magicien. Cette chanson est très folklorique mais les autres du groupe sont plus ou moins littéraires, par exemple : *Papillon, tu es volage, Nicolas, par quelle route, le Chagrin de l'infidèle, le Chasseur et la Meunière, Sommeilles-tu ma petite Louison? la Vieille Amoureuse,* etc.

Pour faire mieux comprendre ce groupe voici une version de la chanson *le Chagrin de l'infidèle :*

> LUI. —
> J'ai du chagrin, j'ai perdu ma maîtresse :
> J'ai du chagrin, j'ai perdu mes amours.
> Joli' Nanon, pour toi mon coeur soupire.
> Viens donc à moi, me donner du secours.

ELLE. —
Mais quel secours veux-tu que je t'y donne?
Je ne suis pas fille d'un médecin.
Ce n'est pas moi celle que ton coeur aime:
On m'a appris que tu es un badin.

LUI. —
Ah! dis-le moi, qu'en a fait la nouvelle?
N'en faut rien croir': je puis te le prouver.
Je prouverais que mon coeur t'est fidèle,
Qu'il est à toi, qu'il ne saurait changer.

ELLE. —
J'ai traversé les vallons et les plaines:
J'ai entendu le rossignol chanter.
Il me disait, dans son joli langage:
Deux amoureux sont toujours malheureux![4]

L'informateur populaire ajoute souvent ce couplet:

LUI. —
Amis, buvons, caressons la bouteille,
Ne parlons plus du plaisir de l'amour.
Amis, buvons, caressons la bouteille
Et laissons donc là le plaisir de l'amour.[5]

2. LA BERGÈRE ET LE GALANT

L'un des personnages est une bergère et l'autre peut être un berger ou tout autre galant de meilleure condition, comme un monsieur, un seigneur, un vieillard, etc. Ces chansons de bergère sont considérées ordinairement comme des pastourelles. Elles ont été étudiées, entre autres, par Edgar Piguet, dans *l'Évolution de la pastourelle du XIIe siècle à nos jours,* et par K. Bartsch, dans *Romances et Pastourelles françaises des XIIe et XIIIe siècles.* Mais toutes les pastourelles n'entrent pas nécessairement dans notre division. Une autre section leur est réservée dans la deuxième catégorie de notre classification. Il ne suffit pas qu'il soit question d'une bergère dans une chanson pour qu'elle fasse partie de ce groupe, il lui faut aussi

---

[4] M. BARBEAU, *Alouette!* p. 99-100. Nous en avons trouvé une version un peu différente dans *le Second Tome du Concert des enfants de Bacchus...* Paris, Charles Hulpeau, 1628, p. 9-10, n° 6, 5 couplets, refr.

[5] Collection R.P. Archange Godbout, o.f.m. Ms. n° 58.

être en forme de dialogue, afin d'être chantée par deux personnages: une bergère et un galant.

La bergère incarne souvent la beauté féminine qui dédaigne les avances d'un personnage de condition supérieure. Ce genre permet à des amoureux de se dire sous le couvert d'une fiction ce qu'ils tairaient autrement. Le style en est moins familier, souvent précieux et plus ou moins littéraire. Le nombre des chansons de bergère en dialogue est assez élevé. En voici quelques titres: *le Galant et la Bergère, Berger, comment va le troupeau, la Bergère infidèle et son Berger, la Bergère indifférente, le Berger et la Bergère, la Bergère et le Monsieur, la Bergère et le Monsieur de l'armée, la Bergère et le Seigneur, la Bergère et le Seigneur accepté, la Bergère et le Seigneur riche, la Bergère et le Vieillard, Bergère, goûtons aux plaisirs de l'amour,* etc.

Comme exemple, voici une version de *la Bergère et le Vieillard*:

LE VIEILLARD. —
Bonjour jolie bergère
Gardant vos blancs moutons
Vouderiez-vous permettre
De parler d'l'amourette
Et je l'serai fort satisfaite.

LA BERGÈRE. —
Bon vieillard à votre âge
Vous êtes tout courbé
Vous avez pour le moins cent ans
Plus de dent dans la bouche
Ah! vous me faites ressembler
D'un animal farouche.

LE VIEILLARD. —
Belle si j'ai point les charmes
De ces jeunes amoureux
Je porte du moins les armes
Qui font rouvrir les yeux
J'ai de l'argent en quantité
Et pour vous belle que j'en porte
Avec des pareilles clefs
On ouvre bien les portes.

La Bergère. —

Vieux, tout's vos richesses
Sont des riches appâts
J'estime mieux ma jeunesse
Car elle a bien plus d'éclat
C't'alors et à présent
À l'âge de ma jeunesse
Mais vieux, mais foute-moi le camp,
Tu as plus de ressource.

Le Vieillard. —

Ô belle, il faut donc que j'm'éloigne
De tes charmants beaux yeux
Sans avoir ma mignonne
Et les plus doux aveux
Et adieu ma p'tite mignonne
Et adieu je t'abandonne
Ah! je fais mes derniers aveux
Adieu dans l'autre monde.[6]

3. La fille et la mère

Il est assez curieux de constater que ce groupe ait été rarement étudié par les chercheurs. Il est pourtant très bien représenté dans la tradition orale. Il en existe plus de trente types; on en trouve même dans les recueils anciens de colportage, mais en nombre moins considérable que les dialogues de bergères. C'est un dialogue entre une jeune fille, qui demande un amant ou un mari, et la mère qui refuse, donne des raisons, fait des remontrances ou menace de la mettre au couvent ou de lui donner du bâton. Nous pouvons inclure à titre exceptionnel aussi les dialogues qui ont quelques vers d'introduction à cause de l'importance du sujet.

Nous avons tiré d'un recueil de colportage du début du XVIIe siècle une chanson où la mère et la fille dialoguent. Ce texte n'a pas été retrouvé tel quel dans la tradition orale, mais plusieurs chansons ont des thèmes et des vers qui s'en rapprochent. Une comparaison des passages les plus ressemblants entre la version ancienne et les versions orales est de nature à illustrer l'ancienneté du genre.

---

[6] Chantée le 27 juillet 1956 par Adélard Tremblay, 75 ans, Saint-Joseph d'Alma (Lac-Saint-Jean). Archives de folklore, collection Conrad Laforte enrg. n° 452.

La version ancienne dans son orthographe (XVIIᵉ siècle)

— 1 —

LA FILLE. —
Helas ma mere
Regardez mon tourment
Faites moy taire
Donnez moy puisque j'en ay Envie
Vous guarirez mon amour & ma vie

— 2 —

Ma maladie
Ne vient que de l'amour,
Car quoy qu'on die
Il fauldra quelques jours
Qu'entre deux draps nud à nud je le baise,
Donnez le moy, pour me mettre à mon aise.

RESPONCE DE LA MÈRE. —
Helas ma fille ne parlez pas insi
C'est chose vile de prendre un tel souci,
Vous n'avez pas d'aage assez pour ce faire
Je vous en Supplie vous en vouloir distraire

. . . .

— 3 —

LA FILLE. —
Je suis en aage
Pour sçavoir qu'est d'aimer
Et comme sage
Je me veux marier
À celuy là qui m'a cause ma flamme
Donnez le moy, vous sauverez mon ame.

— 4 —

Quand la jeunesse
Conduisoit vos esprits,
Amour sans cesse
Vous causoit des soupirs
Et moy qui suis toute plaine de braise
Vous ne voulez parmettre que je baise.[7]

. . . .

---

[7] *La Fleur de toutes les plus belles chansons qui se chantent maintenant en France, op. cit.*, p. 49-56.

Voici trois extraits de versions orales où la jeune fille exprime les mêmes idées et avec des expressions approchantes:

A. *La fille et la mère: je voudrais pourtant*

> LA FILLE. —
> Ah! je voudrais pourtant
> Oui, je voudrais maman,
> Ah! je voudrais pourtant
> Oui, je voudrais maman
> Vous dire mes sentiments.
> À la fin, vous savez
> Ce que je désirais,
> Vous le savez, sans doute,
> À la fin, vous savez
> Ce que je désirais,
> Oui, maman, vous le savez très bien.
> . . . .
> Vous savez bien, maman
> Que dans mon lit dormant,
> Que mon esprit s'occupe.
> Vous savez bien, maman
> Que dans mon lit dormant
> Moi qui n'a pas d'amant
> Que mon lit est joli
> Qu'un petit mari
> Ferait la garniture
> Que mon lit est joli
> Qu'un petit mari
> Ferait tout mon contentement.[8]

La jeune fille dit que sa mère connaît ses désirs. Cette même idée se retrouve dans les 4e et 2e couplets de la version ancienne.

B. *La fille et la mère: grâce accordée*

> LA FILLE. —
> Hélas! ma mère, j'ai une chose à demander.
> Si vous voulez bien me l'accorder:
> J'ai calculé mon âge et j'ai bien quatorze ans
> Hélas! ma mère, me faudrait un amant.[9]

---

[8] Collection Joseph-Thomas LeBlanc, ms. n° 1214.
[9] Collection M. Barbeau, ms. n° 308.

La jeune fille commence par les mêmes mots dans la version du XVIIᵉ siècle : *Hélas, ma mère...* Et elle continue à faire état de son âge pour réclamer un amant.

C. *La fille et la mère : je suis en âge*

> LA FILLE. —
> Ma bonne mère, je veux me marier,
> Je suis en âge, il est temps d'y penser.
> Donnez-moi un amant, qu'il soit doux et charmant.
> Pour passer mon jeune âge,
> Marie-moi, maman, je suis en âge.[10]

La jeune fille au deuxième vers emploie la même expression : *Je suis en âge* que dans le premier vers du troisième couplet de la version ancienne.

Il serait trop long de continuer la comparaison pour tous les couplets, mais ces quelques exemples illustrent bien l'ancienneté du genre et des thèmes de ces dialogues entre la fille et la mère si populaires dans la littérature orale.

4. LA FILLE ET LE CONFESSEUR

La fille au confessionnal parle naturellement de son amant. Le comique résulte de ce que la fille est innocente et que le confesseur pose des questions indiscrètes ou veut obtenir les mêmes avantages que l'amant. Nous connaissons les deux chansons en laisse *le Curé de Terrebonne* et *le Curé de Saint-Don*.

Ce groupe de chansons en dialogue n'est représenté dans la tradition orale que par quelques chansons types. Mais l'une d'elles fut extrêmement populaire puisque son timbre fut très employé au XVIIIᵉ siècle pour les chansons historiques. Nous pensons à *Confession — La fille trompée* qui a comme refrain : « Dirai-je mon confiteor ? » et comme incipit : « Mon père je viens devant vous avec une âme repentante... »

---

[10] Collection Joseph-Thomas LeBlanc, ms. n° 200.

5.   LA FEMME ET LE MARI (OU LE GALANT)

Ce sujet du triangle est très fertile en littérature écrite. Le roman, le théâtre, la chanson des chansonniers, le vaudeville ont exploité à profusion ce thème. La littérature orale ne l'a pas moins développé. On le trouve dans différents genres traditionnels mais, sous forme de chanson en dialogue vraiment folklorique, nous en connaissons peu. Cependant, une chanson qui ne manque pas de célébrité, *Corbleur, Sambleur, Marion,* met en scène la femme et le mari : nous en avons quatre-vingt-une versions françaises et soixante-deux versions canadienne-françaises.

> Lui. —
> *Corbleur, Sambleur, Marion !*
> Où étais-tu, hier au soir ?
> *Parbleur !*
> Où étais-tu, hier au soir ?
> *Corbleur !*
>
> Elle. —
> *Doux Jésus, mon mari !*
> J'étais allée à la fontaine,
> *Mon Dieu !*
> Pour y laver mes bas de laine.
> *Seigneur !*[11]
> Etc.

6.   DES PERSONNAGES HISTORIQUES ET LÉGENDAIRES

Le souvenir des personnages historiques et légendaires a toujours hanté le monde. Mais les héros qui retiennent l'attention du peuple ne sont pas toujours ceux de la grande histoire. Surtout lorsqu'il s'agit d'amoureux célèbres. Moncrif par imitation de la poésie populaire a refait le dialogue d'*Alix et Alexis.*

Non seulement les amoureux mais aussi les voleurs célèbres au XVIIIe siècle ont été chantés. Par exemple *Cartouche et Mandrin,* les deux chefs de bande de voleurs et de brigands qui furent roués vifs sur la place publique. Cartouche à Paris, Place de Grève, en 1721. Mandrin à Valence en 1755. Leurs ombres se sont rencontrées dans l'autre monde pour s'interpeller en une douzaine de couplets.

---

[11] BARBEAU, *Alouette !* p. 136-137.

CARTOUCHE. —

Je suis d'une joie parfaite
De te voir, mon cher Mandrin,
Car tu [y joues] de ton reste;
Tu me parais tout chagrin.
Dis-moi donc ce qu'il se passe !
Que sert-il d'être lutin ?
Serait-il ma voix qui t'oblige
De faire ainsi le malin ?

MANDRIN. —

Comment pourrais-je fair(e) bonne mine,
Après tout ce que j'ai souffert ?
Et j'ai reçu la discipline
À grands coups de barre de fer.
Par force, on m'a fait étendre
Les deux bras en form(e) de croix.
Comment pourrais-j(e) bien m'y défendre
Avec bien plus fort que moi ?[12]

7. DES PERSONNIFICATIONS

Les personnifications sont des abstractions à qui l'on prête vie humaine, c'est-à-dire l'usage de la parole. Ces fictions conventionnelles peuvent être des objets, des animaux, les parties d'un tout, les membres du corps humain et même de pures créations de l'esprit ou de l'imagination comme *Carême et Mardi-Gras*. Ce genre de dialogue a été pratiqué dès le Moyen Âge jusqu'au XVIIᵉ siècle par presque tous les écrivains qui étaient plus près du peuple. Il y en a dans les fabliaux. François Villon a composé un dialogue entre le coeur et le corps, *Débat du cuer et du corps*. Nous découvrons dans les oeuvres de Héliette de Vivonne (1560-1625) le *Dialogue d'un pourpoint et d'un robon qui jadis furent robes*. Cette popularité du dialogue a même pénétré dans les églises; plusieurs *Cantiques de Marseille*[13] sont faits en dialogue et souvent à plusieurs personnages. Pour n'en citer que deux dont les interlocuteurs sont des personnifications : *le Combat de l'esprit et du corps* et *la Mort et le Moribond*.

---

[12] É.-Z. Massicotte, « Chants populaires du Canada », dans *Journal of American Folklore*, vol. XXXII, n° 123, janvier-mars 1919, p. 36.

[13] Il s'agit des *Cantiques de l'âme dévote...* dits Cantiques de Marseille, par Laurent Durant (1627-1708). La 4ᵉ édition est de 1688.

Dans la tradition orale, les plus populaires sont *le Pénitent et l'Ivrogne*, *Carême et Mardi-Gras*, *le Vin et l'Eau*, etc. Les livres de colportage et les recueils anciens, manuscrits ou imprimés, en contiennent aussi bon nombre qui n'ont pas toujours eu la faveur d'être transmis oralement.

8.   Une personne et un groupe

Les chansons de rondes enfantines sont souvent faites en dialogue. Mais ici le dialogue est entre un groupe ou chœur qui chante à l'unisson et une personne qui joue le rôle de meneur de jeu ou de chante-avant. Ces petites rondes se chantent et se dansent selon une chorégraphie simple et facile à noter qui est souvent décrite dans les paroles du couplet.

Exemple : *J'ai un beau château*

— 1 —

J'ai un beau château *ma tante ti-re-li-re-li-re*
J'ai un beau château *ma tante ti-re-li-re-lo.*

— 2 —

J'en ai un plus beau

— 3 —

Je le détruirai

— 4 —

Comment feriez-vous ?

— 5 —

En ôtant une pierre.

— 6 —

Quelle pierre ôteriez-vous ?

— 7 —

La pierre de Marielle.

— 8 —

Quel prix donneriez-vous ?

— 9 —

Le prix de la *beauté.*

— 10 —

Elle l'a bien mérité.[14]

---

[14] Sœur Marie-Ursule, c.s.j. *Civilisation traditionnelle des Lavalois*, p. 180-181.

On peut citer, comme autres exemples de ce genre, *Danse — La tour prend garde, Danse — Qu'est-ce qui passe ici si tard? Danse — Boíteux Ermite, Danse — Beau cordonnier, le Petit Page perdu, l'Anguille qui coiffait sa fille*, etc.

D'autres groupes de chansons en dialogue restent à découvrir pour enrichir ce genre. Les chansons de cette catégorie n'ont jamais fait l'objet d'une étude globale même en littérature savante. Il y a cependant eu des traités sur des groupes comme les débats, les pastourelles, les descorts, les jeux-partis, etc. Une étude exhaustive des chansons en dialogue faite parallèlement dans les littératures lettrées et folkloriques serait de nature à éclairer les rapports qu'il y a toujours eu entre les deux. Ces chansons, même celles qui sont recueillies dans la tradition orale, ont ordinairement un style assez littéraire qui révèle une technique moins familière. Il s'agit probablement d'une coutume, une mode qui a été très répandue, mais qui aujourd'hui est oubliée sauf dans la mémoire du peuple. La persistance dans la tradition orale de ces vieilles chansons leur confère un intérêt que ne peuvent avoir des textes retrouvés uniquement dans des manuscrits ou dans des imprimés anciens.

QUATRIÈME CATÉGORIE

Chansons énumératives

L'énumération est probablement ce qu'il y a de plus primitif et de plus naturel à l'homme. Le mot, quoiqu'il existe depuis le XVe siècle, n'a pas été appliqué d'emblée pour désigner une catégorie de chansons; l'énumération a toujours été considérée comme un procédé littéraire. Mais le « poète populaire » compose des chansons qui ont comme structure une énumération, l'élevant ainsi au niveau de genre.

Montel et Lambert qui les premiers (en 1880) ont établi ce groupe et lui ont donné comme nom *chants énumératifs*, avouent que ce n'a pas été pour eux « un petit embarras que de donner aux chants de cette série un nom qui leur convînt à un égal degré[1] ». Les folkloristes avaient pris l'habitude d'appeler ces chansons des randonnées. Le mot *randonnée* insiste un peu trop sur la course rapide en circuit, qui peut décrire l'action de certains chanteurs de chansons énumératives à reprises récapitulatives: il introduit l'idée de compétition. Coirault a conservé ce terme qui fait double emploi avec l'expression plus précise de chansons énumératives à reprises récapitulatives. Montel et Lambert avaient d'abord pensé aux termes *récapitulation, accumulation, répétition* mais ils les ont écartés pour leur préférer le mot *énumération*.

---

[1] Achille MONTEL et Louis LAMBERT, *Chants populaires du Languedoc...*, p. 394.

Il est significatif de constater avec quelles hésitations et quelles précautions les folkloristes abordent ce groupe de chansons. Ils se sentent obligés de les déprécier en les qualifiant de puériles, d'absurdes, de bonnes à ennuyer et à endormir les enfants. Jusqu'à Coirault qui va les définir comme une « formule sempiternelle[2] ». Cependant, il considère l'énumération comme une « marque de fabrique » populaire.

L'énumération qui énonce une à une les parties d'un tout, s'emploie en littérature comme figure de style, mais dans les chansons populaires, elle en détermine souvent la structure même. Bien entendu, une petite énumération qui se présente incidemment dans une chanson n'est qu'une figure de style, par exemple les quatre officiers dans *Malbrough*. Pour qu'une chanson soit vraiment énumérative, il faut que chacune de ses strophes contienne un élément de l'énumération, c'est-à-dire qu'elle soit proprement énumérative ou que l'énumération structure pleinement la chanson.

La classification de cette quatrième catégorie est assez complexe, soit que nous considérions la structure strophique ou l'énumération elle-même. Les structures strophiques de ces chansons sont assimilables à celles de la première catégorie (en laisse) ou de la deuxième (chanson strophique), aussi entrent-elles également dans l'une ou l'autre. Mais la chanson énumérative à reprise récapitulative a une formule strophique qui s'allonge à chaque strophe. La mélodie, à ces passages, devient souvent un récitatif qui peut s'amplifier à volonté comme le verset. Nous devrons tenir compte de cette particularité.

Si nous les classons par l'énumération elle-même, nous obtenons un ordre des plus enrichissants. Pour nous aider à en tracer des divisions mieux adaptées, examinons les trois classifications suivantes: 1° celle de Montel et Lambert, 2° celle de Van Gennep, 3° celle de Coirault.

---

[2] « Une formule sempiternelle reprise en série, tel est le principe. Chaque couplet successif ajoute un nouveau chaînon aux analogies, classifications d'idées ou d'objets ainsi que par les comptages de menues multiplicités, décimales, duodécimales ou autres. » (Dans *Formation de nos chansons folkloriques*, p. 389.)

Pour Montel et Lambert, l'énumération se présente de trois manières différentes: *l'énumération simple*, *l'énumération double* et *l'énumération par enchaînement*.

> L'énumération simple se borne à indiquer toute une suite d'objets ayant une destination commune, mais seulement *un* par couplet.
>
> L'énumération double, tout en donnant une suite d'objets ayant une destination commune, en cite deux par couplet.
>
> L'énumération par enchaînement se distingue des deux autres sortes, en ce qu'elle rappelle à chaque couplet l'objet ou les objets qu'on avait indiqués précédemment, de manière à en faire une chaîne sans fin, qui va toujours s'allongeant.[3]

Les définitions de ces trois divisions manquent de précision. Celle de *l'énumération double* est erronée: cette sorte d'énumération ne donne pas une seule suite d'objets mais bien deux énumérations parallèles et chaque strophe ne contient pas deux éléments d'une même énumération mais un élément de chacune des deux énumérations parallèles.

Quant à l'énumération par enchaînement, cette expression ne nous paraît pas heureuse. La définition et les exemples qu'en donnent Montel et Lambert nous semblent mieux convenir à l'énumération à reprises récapitulatives.

Une deuxième classification est celle de la Société Ramond que Van Gennep présente dans son *Manuel* comme questionnaire pour enquête.

> *Chants énumératifs*: changement d'un mot; changement d'un mot et d'un vers; changement de deux vers; changement de trois vers; énumération double; énumération par enchaînement; énumération récapitulative.[4]

Ces sept divisions peuvent se ramener aux trois de Montel et Lambert. Les quatre premières sont des énumérations soit simples ou soit doubles. La cinquième division est l'énumération double. La sixième, l'énumération par enchaînement, est la même que la septième, l'énumération récapitulative. Ces divisions énoncées sans définition ni exemples ne nous éclairent pas beaucoup.

---

[3] Achille MONTEL et Louis LAMBERT, *op. cit.*, p. 395.

[4] Arnold VAN GENNEP, *Manuel de Folklore français contemporain...*, Paris, A. Picard, 1937, III, p. 31.

La classification de la chanson énumérative élaborée par Patrice Coirault est un véritable traité, des plus complets à ce jour et des mieux adaptés à la matière. Il a choisi, comme premier principe de division, les choses énumérées ou ce qui est énuméré. Il subdivise par la forme, la manière d'énumérer. Voici son plan avec les exemples qu'il étudie :

CHANSONS ÉNUMÉRATIVES ET RANDONNÉES

INTRODUCTION (*Le Bois d'amour*)

Chapitre I. — NOMBRES ET JOURS

A — En décroissant
Énumérations simples :
1.— Chansons de dix (*Les Coutures du soulier, les Dents de la vieille, Fin d'une petite génération de poules, Fin d'une grande génération de poules, le Marchand de boules, Jean est marié, Adèle est encore fille, En chaussant le mais, Ceinture à dix brins.*)
2.— Chansons de neuf (*Chars du blé à épi d'argent et paille d'or, Pins verdoyants, Envol de Colombes*: 1. Chansons de neuf et formes voisines. 2. Couplets rituels aux noces).

B — En croissant
Énumérations simples : *Boutons de tunique, A*** auberges, boire! Semaine ouvrière.*
Énumérations à reprises récapitulatives ou randonnées : *On aimerait avoir X… amants, Il n'y a qu'un Dieu, la Foi de la loi, la Perdriole* ou *les Cadeaux à la belle.*

Chapitre II.— HABILLEMENT
Énumérations simples : *J'ai perdu hier soir ici, Coffre aux hardes, Pierrot se nippe, Moine, si tu veux danser, Ah! s'il n'aimait pas tant boire…*
Énumérations à reprises récapitulatives ou randonnées : *En faisant l'amour, Au bon vin, Adieu, mes amours, la Danse à Biron.*

Chapitre III.— SUJETS DIVERS
Énumérations à reprises récapitulatives ou randonnées : Morcellement de l'oiseau : Merle, Alouette, Rossignolet, Géline, Caille, Coq; Le corps féminin en détail; Jeux de sonorités instrumentales : *Il était un bonhomme jouant, le Gars qui jouait de…*; Achat et essai d'instruments : *Bonhomme de quoi sçavez jouga?, la Mistenlaire.*
Énumérations simples : *Michaud tombe de l'arbre, Ma grand'mère vit avé, Avez-vous vu* (loup, renard, etc.), *l'Avoine, Lamentation sur les restes d'un âne, Comment les x… aiment;* Sur la nuit des noces, la literie caquette; *les Métamorphoses* ou *Transformations.*[5]

---

[5] Patrice COIRAULT, « Chansons énumératives et randonnées », dans *Formation de nos chansons folkloriques,* p. 389-486, musique. Cet admirable traité du maître est une publication posthume.

Coirault oppose l'énumération simple à l'énumération à reprises récapitulatives. Il ne tient aucun compte de l'énumération double. Le mot simple n'est donc pas pris dans le sens de l'unité mais dans celui d'une énumération qui n'est pas complexe, qui n'est pas à reprises récapitulatives. Parmi les chansons énumératives simples, Coirault range *les Métamorphoses*, *la Semaine ouvrière*, *Adèle est encore fille*, qui sont des chansons à énumération double. Le cas des énumérations doubles peut être résolu en doublant les entrées avec renvois d'une rubrique à l'autre. Il n'est donc pas nécessaire d'en établir une division pour les grouper ensemble, à moins de vouloir en faire une étude particulière.

Il y a aussi le cas des chansons qui se présentent sous deux formes : un certain nombre de versions sont énumératives simples et les autres énumératives à reprises récapitulatives, comme *Savez-vous ce qu'il y a?* (*le Petit Bois d'Amour*). Ces chansons doivent faire partie de deux subdivisions avec renvois.

La classification des chansons énumératives que nous préconisons est celle de Coirault, mais plus développée et améliorée. Au lieu de n'avoir que trois divisions nous aurons : I. Les nombres; II. Les jours, les mois, les années; III. Lettres, voyelles, alphabet; IV. L'habillement; V. Les membres ou parties du corps humain; VI. Les parties du corps et les vêtements; VII. Les remèdes; VIII. Les membres des animaux; IX. Les parties du corps des oiseaux (morcellement de l'oiseau); X. Les hommes : les métiers; XI. Les femmes (à marier); XII. Les hommes et les femmes; XIII. Les parents; XIV. Les animaux et les oiseaux; XV. Les arbres; XVI. Les mets; XVII. Les instruments de musique; XVIII. Les couleurs; XIX. Les travaux familiaux; XX. Les menteries; XXI. Divers.

Ces divisions peuvent être augmentées pour contenir tout le répertoire qui existe.

I. NOMBRES

A. En décroissant

Énumérations simples :

1.— Chansons de dix

Les chansons qui commencent à compter par dix ou neuf sont les plus primitives. Elles sont constituées d'une petite formule répétée autant de fois qu'il y a de nombres entre dix ou neuf et un. (Exemples: *Nous étions dix, la Ceinture de laine, Dix Petits Minous*, etc.)

La Ceinture de dix brins

Ell' n'a plus que *dix* brins ma ceintur', ceintur'
Ell' n'a plus que dix brins ma ceinture de chorbe [chanvre]
Ell' n'a plus que dix brins ma ceintur' de lin
Ell' n'a plus que *neuf* brins...[6]

2.— CHANSONS DE NEUF

Les chansons de neuf ont été surtout recueillies dans la Grande-Lande en France. Félix Arnaudin[7] en a publié cinquante-quatre qu'il range parmi les danses.

Il y aurait peut-être un rapprochement à faire entre ces chansons de neuf et les cérémonies ou danses rituelles antiques du paléolithique supérieur, décrites par Maurice Louis[8].

B. En croissant

Énumérations simples:

(Exemples: *En voilà une, Danse — Ronde des Cocus, Danse — La Première qui passe*, etc.)

Les Éléphants

Un éléphant, ça trompe, ça trompe
Un éléphant, ça trompe énormément
La peinture à l'huile c'est difficile
Mais c'est bien plus beau que la peinture à l'eau.
Deux éléphants...[9]

Énumérations à reprises récapitulatives. (La récapitulation ordinairement est décroissante.)

---

[6] Patrice COIRAULT, *op. cit.*, p. 401.

[7] *Chants populaires de la Grande-Lande et des régions voisines...*

[8] « Les origines préhistoriques de la danse », extraits des *Cahiers de préhistoire et d'archéologie...* vol. IV, 1955.

[9] Chanté par Étienne Poitras (30 ans) en 1917 à Québec. (Coll. É.-Z. Massicotte, MN-762).

Exemples: *À la santé*, *J'aime les pommes*, *Il n'y a qu'un Dieu*, *la Foi de la loi*, etc.

J'aime les pommes

Ils dis' que j'aime les pommes
À la douzaine
J'en aim' ni un', ni point
À la douzain' que j'aimerai. (On continue jusqu'à 12)
. . . .
J'en aim' ni douze, ni onze, ni dix, ni neuf,
Ni huit, ni sept, ni six, ni cinq,
Ni quatre, ni trois, ni deux, ni un,
Ni point...[10]

II. JOURS, MOIS, ANNÉES

Énumérations simples:

(Exemples: *La Semaine de l'amoureux*, *la Semaine de l'ivrogne*, *la Semaine ouvrière*, *la Semaine de la mariée*, *la Semaine du garçon à marier*, *Quand me marierai-je? À seize ans*, etc.)

Énumérations à reprises récapitulatives:

(Exemples: *La Perdriole*, *le Marché*, etc.)

La Semaine des mies

— 1 —

J'ai rencontré ma mie, de lun (lundi)
Qui portait à vendre du grain
Et le grainteau
Aime-la ma mie, aime-la toujours!

— 2 —

J'ai rencontré ma mie de mar (mardi)
Qui portait à vendre du lard
Mar lard et le grainteau
Aime-la ma mie, aime-la toujours!

---

[10] *Le Chansonnier des Collèges. Supplément*, p. 95.

— 3 —

J'ai rencontré ma mie de merc (mercredi)
Qui portait à vendre du lait
Merc lait, mar lard et le grainteau
Aime-la ma mie, aime-la toujours!

— 4 —

J'ai rencontré ma mie de jeu (jeudi)
Qui portait à vendre du beurre
Jeu et chaud, merc lait, mar lard
Et le grainteau
Aime-la ma mie, aime-la toujours!

— 5 —

J'ai rencontré ma mie de ven (vendredi)
Qui portait à vendre des oranges
Vend oranges, jeu et chaud, merc lait
Mar lard et le grainteau
Aime-la ma mie, aime-la toujours!

— 6 —

J'ai rencontré ma mie de sam (samedi)
Qui portait à vendre des lames
Sam lam, vend oranges, jeu et chaud,
Merc lait, mar lard et le grainteau
Aime-la ma mie, aime-la toujours!

— 7 —

J'ai rencontré ma mie Dimanche,
Qui portait à vendre des amandes,
Mange amandes, sam lames,
Vend oranges, jeu et chaud
Merc lait, mar lard et le grainteau
Aime-la ma mie, Aime-la toujours![11]

III. LETTRES, VOYELLES, ALPHABET

(Exemples: *Les Voyelles*, *l'Alphabet*, *l'Ermite amoureux*, *Un B avec un A*, etc.)

---

[11] Albertine GOSSELIN [Cahier manuscrit de 137 chansons]. Don aux Archives de folklore en 1961. (Coll. Luc Lacourcière, n° 2893).

IV. L'HABILLEMENT

Énumérations simples:

(Exemples: *Le Mari, Pierrot n'a pas de, Danse — Ah! si mon moine voulait danser, l'Habillement avant et après le mariage, Pour boire il faut vendre, Quand il va vendre, Monsieur le curé n'avait pas de, le Chapeau de notre curé, Il est pourtant temps*, etc.)

Pierrot n'a pas de

— 1 —

Pierrot n'a pas d'culottes   (*bis*)
Y en a pas de plus beau
Pour fair' danser Pierrot,
Des fill's et des bagnes,
Des fill's des campagnes,
Pierrot Babineau,
Les Archambault,
Gédéon Thibodeau
Avec son grand banneau
Les deux pieds à l'eau
Y en a pas dans la danse
Pour fair' danser Pierrot.

— 2 —

Pierrot n'a pas d'chapeau   (*bis*)

— 3 —

Pierrot n'a pas d'chemise   (*bis*)

— 4 —

Pierrot n'a pas d'capot   (*bis*)

etc.,

et on énumère toutes les pièces du vêtement jusqu'à épuisement.[12]

Énumérations à reprises récapitulatives:

(Exemples: *Quand Biron voulut danser, Si j'avais les beaux souliers*, etc.)

---

[12] Chantee le 19 octobre 1956 par Maurice Doyon, 18 ans, Bord de l'eau ouest, Saint-François (Beauce), Québec. (Archives de folklore, Coll. Mme Madeleine Doyon-Ferland, enreg. n° 21).

V. MEMBRES OU PARTIES DU CORPS HUMAIN

(Exemples: *Danse — Jean Petit, danse, Danse — Planter des choux, Que sais-tu bien faire? l'Amant laid, le Curé et sa servante*, etc.)

VI. PARTIES DU CORPS ET VÊTEMENTS

(Exemple: *Le Nombril*, etc.)

VII. REMÈDES

(Exemples: *Le Remède à son talon, le Remède au bobo de la fille, les Remèdes à madame, les Remèdes au bonhomme, Catherinette a mal*, etc.)

Le Remède à son talon

— 1 —

Maluré demande à sa mère
Un remède pour son talon
Sa mère lui dit ma fille
Une patate ça serait-i'bon?
Une patate c'est trop plate
Pour remède, pour remède
Une patate, c'est trop plate
Pour remède à mon talon.

— 2 —

Maluré demande à sa mère
Un remède pour son talon
Sa mère lui dit ma fille
Un oignon ça serait-i'bon?
Un oignon c'est trop rond
Une patate c'est trop plate
Pour remède, pour remède
Une patate c'est trop plate
Pour remède à mon talon.

— 3 —

Maluré demande à sa mère
Un remède pour son talon

Sa mère lui dit ma fille
Un radis ça serait-i'bon?
Un radis c'est trop petit
Un oignon c'est trop rond
Une patate c'est trop plate
Pour remède, pour remède
Une patate c'est trop plate
Pour remède à mon talon.

— 4 —

Maluré demande à sa mère
Un remède pour son talon
Sa mère lui dit ma fille
Une barbotte ça serait-i'bon?
Une barbotte ça gigotte
Un radis c'est trop petit
Un oignon c'est trop rond
Une patate c'est trop plate
Pour remède, pour remède,
Une patate c'est trop plate
Pour remède à mon talon.

— 5 —

Maluré demande à sa mère
Un remède pour son talon
Sa mère lui dit ma fille
Une anguille ça serait-i'bon?
Une anguille ça fortille
Une barbotte ça gigotte
Un radis c'est trop petit
Un oignon c'est trop rond
Une patate c'est trop plate
Pour remède, pour remède,
Une patate c'est trop plate
Pour remède à mon talon.

— 6 —

Maluré demande à sa mère
Un remède pour son talon
Sa mère lui dit ma fille
Un garçon ça serait-i'bon?

Un garçon ça serait bon
Pour remède, pour remède,
Un garçon ça serait bon
Pour remède à mon talon.[13]

VIII. MEMBRES DES ANIMAUX

(Exemple: *Lamentation sur les restes d'un âne*, etc.)

IX. PARTIES DU CORPS D'UN OISEAU (MORCELLEMENT DE L'OISEAU)

Énumérations à reprises récapitulatives:

(Exemples: *Le Merle, Alouette, gentille alouette, Alouette (Plume à l')*, etc.)

X. HOMMES: MÉTIERS

(Exemples: *Les Corps de métiers, les Cultivateurs du village, le Diable dans le sac, l'Homme sans pareil, la Sainte Vierge aux cheveux pendants, le Noël des métiers, le Mari que je voudrais*, etc.)

XI. FEMMES (À MARIER)

(Exemples: *Coquette et Coucou, la Femme à ne pas choisir, Si tous les garçons du monde*, etc.)

XII. FEMMES ET HOMMES

(Exemples: *Savez-vous ce que c'est? Voilà le plaisir des hommes*, etc.)

---

[13] Chantée le 24 décembre 1957 par Mlle Thérèse Blanchet, à Québec. (Archives de folklore, Coll. Thérèse Blanchet, enrg. x-90).

XIII. PARENTS

(Exemples: *Quand me marierai-je? Le Testament du garçon empoisonné,* etc.)

XIV. ANIMAUX ET OISEAUX

Énumérations simples:

(Exemples: *Le Noël des animaux, le Noël des oiseaux,* etc.)

Énumérations à reprises récapitulatives:

(Exemples: *Les Animaux du marché, les Animaux vont au marché,* etc.)

XV. ARBRES

(Exemple: *Michaud tombe de l'arbre,* etc.)

XVI. METS

(Exemples: *J'aime pas ça, la Semaine des mies,* etc.)

La Foi de la loi

La première partie, Grégoire
T'en iras-tu sans boire?
Une côtelette de veau
Bien rôtie sans eau

. . . .

La onzième partie, Grégoire
T'en iras-tu sans boire?
Onze demoiselles serviront les tables
Dix [oublié]
Neuf pieds de salade, servis sur la table
Huit bonnes soupes au chou, voilà tout
Sept lapins en branche porteront leur sauce
Six perdrix bouillies, mon ami

Cinq quartiers de mouton, mon cabon
À quatre, quatre quartiers de veau
Trois beaux agneaux sur le bord de l'eau
Deux poulets bouillis au pot
Une côtelette de veau, bien rôtie sans eau.[14]

XVII. INSTRUMENTS DE MUSIQUE

(Exemple: *Danse — Bonhomme sais-tu jouer ?* etc.)

XVIII. COULEURS

(Exemple: *La Poulette grise,* etc.)

XIX. TRAVAUX FAMILIAUX

(Exemples: *Malin et Maliche, Papa pis Maman, Campion et sa Femme, le Travail en famille,* etc.)

XX. MENTERIES

(Exemples: *L'Anguille qui coiffait sa fille, les Menteries, les Menteries — J'ai vu,* etc.)

XXI. DIVERS

Énumérations simples:

(Exemples: *La Laine des moutons, la Laine des moutons (tondeuses), le Vin, la Vigne au vin, Ami, Ami d'où reviens-tu?, le Moine tremblant et la Dame, le Peureux, les Noces du pinson et l'alouette, les Métamorphoses, le Curé à la chasse, le Curé aux mûres, la Prière, les Cartes, Quand la bonne femme va, Tit-Jean descend du bois, le Pont de la ville, Jean de Nivelle, Cadet Rousselle,* etc.)

---

[14] Chantée le 11 août 1955 par Adrien Saint-Hilaire, 62 ans, à Lotbinière, Québec. (Archives de folklore, Coll. Luc Lacourcière, enrg. n° 2577).

Ah! n'est-elle pas jolie ma mie?

Ah! n'est-ell' pas jolie, ma mie?
Ah! n'est-ell' pas jolie?
Je pris ma mie et je l'embrasse (*bis*)
Je la jetai sur un tas d'bois.
Il en est sorti trois cents rats,
Un' tabatière plein' de tabac,
Une vieille qui prise.

Refrain
Ah! proute vieille, ah! proute jeune
Ah! proute, ah! proute, ah! proute
Ah! proute donc sans cesse,
Ah! proute vieille bougresse,
C'est la bonn' femme
Nicolas Bronzeau
Ell' veut qu'on la ramasse.

Ah! n'est-elle pas jolie ma mie?
Ah! n'est-elle pas jolie?
Je pris ma mie et je l'embrasse (*bis*)
Je la jetai dans un fossé
Il en est sorti un calumet.
Tout allumé, le manche après
Un vieillard qui fume
Ah! proute la vieille...

Ah! n'est-elle pas jolie, ma mie?
Ah! n'est-elle pas jolie?
Je pris ma mie et je l'embrasse (*bis*)
Je la jetai de sur un pont
Il en sort des petits poissons
Et aussi un gros saumon
Un poèle pour les faire cuire,
Ah! proute la vieille...

Ah! n'est-elle pas jolie ma mie?
Ah! n'est-elle pas jolie?[15]

Ivrogne — Mes chers amis

Mes chers amis pour bien se divertir
Il faut y avoir de quoi
Pour faire tout comme moi

---

[15] Coll. Adélard Lambert, MN-3271.

Refrain
En espérant un petit coup d'eau de vie
Un verr(e) de bran de vin
Pour se désaltérer belle
Il nous faut du vin, belle
Il nous faut du vin.
2 — À mon dîner…
3 — À mon souper…
4 — Après cela…
5 — À mon coucher…[16]

Énumérations à reprises récapitulatives:

(Exemples: *Biquette, Minette, l'Habitant de Saint-Roch*, etc.)

CHANSONS ÉQUIVOQUES (AMBIGUËS OU EN QUIPROQUO)

Aux chansons énumératives peuvent se rattacher un groupe de chansons qui présentent une énumération tout à fait particulière. Par l'effet d'une coupe anormale mais voulue d'un mot ou d'un vers, la chanson reste suspendue pendant quelque temps sur un sens équivoque (double sens), quelques vers plus loin le sens normal est rétabli. Chaque strophe contient ainsi un jeu de mot qui est souvent obscène ou scatologique ou simplement drôle. Ces chansons équivoques peuvent s'appeler ambiguës ou à quiproquo.

Le répertoire en est assez considérable: *l'Archevêque de Conflans, la Belle Beauté, le Curé de chez nous, le Curé du village, l'Envie que j'ai mademoiselle, le Petit Chasseur, les Ivrognes se chicanent, Notre Grand-Père Noé, les Bergers de Bethléem*, etc.

En voici deux exemples:

1° Coupe anormale d'un mot:

L'Archevêque de Conflans
Notre archevêque de Conflans
Est un grand solitaire

---

[16] Chantée en 1917 par Vincent-Ferrier de Repentigny, 60 ans, à Saint-Timothée (Beauharnois), Québec. (Coll. É.-Z. Massicotte, MN-902).

Est un grand so (*bis*)
Est un grand solitaire
Un grand so
Est un grand solitaire.

— 2 —

Tous les dimanches après midi
Il fait son catéchisme
Il fait son ca (*bis*)
Il fait son catéchisme
Son ca
Il fait son catéchisme[17]

. . . .

2ᶜ Coupe anormale d'un membre de phrase :

Le Petit Moine qui mignonnait

Timone revient du bois (*bis*)
Il a trouvé sa mie
Sa mie qui *migodait*
Sa mie qui *mistofait*
Sa mie qui pleurait

— 2 —

Il a trouvé sa mie
Sa mie qui pleurait
Ah qu'as-tu donc, ma mie
Qu'as-tu donc, ma mie
Qu'as-tu à tant *migoder*
Qu'as-tu à tant *mistofer*
Qu'as-tu à tant pleurer ?[18]

. . . .

La chanson énumérative constitue un ensemble homogène. La technique de l'énumération a atteint un si haut perfectionnement en folklore qu'elle est passée du simple procédé à la dignité de genre littéraire. De sorte qu'une étude de l'énumération qui ne tiendrait compte que des procé-

---

[17] Louis HÉBERT, *Cahier manuscrit de chansons* (*circa* 1865); élève du Séminaire de Québec vers 1865. Cahier retrouvé à Parisville (Lotbinière), Québec, p. 18.

[18] Louis HÉBERT, *op. cit.*, p. 85.

dés de la littérature savante se priverait du plus haut degré de perfection acquise par les chansons populaires en ce domaine. Cette technique est un art difficile à maîtriser. Le poète populaire a réussi à en tirer des effets étonnants d'une grande variété.

En littérature, l'énumération est une figure de style qui a pour effet propre de souligner l'idée qu'on veut mettre en relief. Elle fut de tout temps employée par les écrivains et poètes et surtout ceux qui ont le plus de contacts avec le peuple : les orateurs et les comédiens. Aristophane, le plus grand de tous les comédiens, n'emploie-t-il pas l'énumération à profusion ? Qu'on se reporte au passage si célèbre des *Acharniens* où Dicéopolis va demander à Euripide les déguisements du mendiant, pièce par pièce : les guenilles de Télèphe, le bonnet, le bâton, le panier brûlé, le pot ébréché, des vieux légumes. À la suite des déguisements d'acteur, il passe à la vie privée du tragique grec et il va lui demander jusqu'à la branche de cerfeuil que sa mère lui a laissée en mourant. Plus loin il utilise l'énumération double dans le dialogue entre Lamachos qui se prépare pour la guerre et Dicéopolis qui se prépare pour le banquet.

Aujourd'hui les écrivains et les poètes utilisent l'énumération avec plus de subtilité mais on voit souvent des orateurs employer ces procédés pour mieux toucher la foule.

Un autre rapprochement que nous hésitons à faire est celui de l'énumération double combinée avec des nombres comme celle de *Il n'y a qu'un Dieu*. N'y aurait-il pas là un des principes premiers de l'utilisation des ordinateurs électroniques modernes : le *un* fait penser à une chose, le *deux*, à une autre chose, etc.

Nous ne voudrions pas terminer ce chapitre sans attirer l'attention des collecteurs et des compilateurs. Ils ont trop souvent dédaigné ces petites chansons parce qu'elles leur paraissaient récentes ou grivoises ou incompréhensibles ou trop primitives ou trop connues. Patrice Coirault n'étudie pas la chanson de *Biquette* parce qu'elle est trop connue. Les chansons énumératives, même si elles nous semblent triviales ou modernes, méritent toujours notre attention et notre respect. Si les mots y sont incompréhensibles, ils peuvent être archaïques.

Dans le *Manuscrit de Lucques*, nous avons rencontré une petite chanson où l'on énumère les membres du corps humain. Nous ne l'avions jamais vue auparavant.

> Marissal joly dy moy je t'en prie
> Ne ferreras-tu pas
> La jambe de ma mye
> Nenny sire en bonne foy
> J'ay perdu mon guillebourdoy
> Mon enclume et mon marteau
> Et ma lime dont je lyme
> Et mon marteau dont je frice
> Et mon grand boute boute
> Et mon grand boute avant.[19]

. . . .

À ce moment-là, nous ne l'avions trouvée non plus dans aucun recueil des provinces de France, ni même dans les *Poésies populaires de la France*. Voici, pensions-nous, un exemple de chanson énumérative du XVIe siècle qui n'a pu parvenir jusqu'à nous, quand le R.P. Germain Lemieux, jésuite, nous en apporta deux versions bien conservées avec mélodies qu'il avait recueillies à Sudbury (Ontario).

> — Beau maréchal, beau maréchal,
> Toi, qu'es l'meilleur de Saint-Charles   } *his*
> Voudrais-tu guérir les pieds de ma femme ?   (*bis*)
> — Oh ! je suis pauvre, pauvre, pauvre,
> Je suis pauvre en instruments !   } *bis*
> J'ai tout perdu mes outils
> Mes égoïn's et mes ciseaux   } *bis*
> Et ma varlope et mon rabot   (*bis*)
> Et mon enclume et mon marteau   (*bis*)
> Et ma lim', p'is quand je lime,
> Le p'tit boute, le p'tit boute,
> Le p'tit boute est par devant ![20]   } *bis*

---

[19] (Lucca, Biblioteca Governativa, Ms. 2022, ft. 195 verso) énumère *cuysse, ventre*. Ce manuscrit est l'oeuvre d'un Italien en voyage dans les Pays-Bas vers 1575.

[20] *Beau Maréchal* (Coll. R.P. Germain Lemieux, s.j., enreg. n° 1194) énumère *genoux, tête, ventre*. Sa version n° 1193 énumère la *tête*, les *pieds*, le *genou*, la *cuisse*, le *dos*, le *ventre*.

Quel est ce « beau maréchal » ou « Marissal joly » ? Serait-ce l'ancêtre de Lustucru ? Il serait intéressant de faire un rapprochement entre ces deux forgerons de têtes et de membres de dames. Mais c'est la survivance de cette chanson qui est étonnante.

Nous nous demandions comment expliquer qu'on l'ait retrouvée à quatre siècles d'intervalle et aux confins de la francophonie : en Europe aux Pays-Bas (vers 1575) et au Canada en Ontario (en 1958) ? Il y avait là un mystère de la transmission orale ou bien un exemple de chansons négligées par les enquêteurs. Mais le mystère semble s'éclaircir : la chanson existe bel et bien en France. François Simon en a publié une version d'Anjou. Après l'énumération de la tête, du ventre, des genoux, il ajoute « et ainsi de suite, sur toutes les parties du corps. Le chanteur ne se fait jamais faute, bien entendu, de rendre cette chanson peu convenable[21]. » Nous y voyons là la raison de son absence des recueils de province, même si elle a pu être très répandue en France. Nous venons d'apprendre que Millien avait en manuscrit un quatrième volume de ses *Chants et Chansons* du Nivernais, qui contient quatre versions de notre chanson[22]. Nous-même, récemment, accompagnant Mme Catherine et M. John Perrier-Wright au cours d'une enquête dans le Berry, la patrie de George Sand, nous avons eu la surprise en questionnant une dame Duffault de lui en entendre chanter une version sous forme de berceuse.

> — Maréchal, beau maréchau
> — Oui, j'ai perdu mon marteau, mes tenailles, mes ciseaux.
> Je suis pauvre, pauvre, pauvre
> Je suis pauvre garçon malichau.[23]

Cette adaptation n'a plus d'énumération et, partant, aucun élément qui puisse la faire juger inconvenante.

Ces trois témoignages d'Anjou, du Nivernais et du Berry illustrent bien la popularité de cette chanson en France malgré son absence des recueils de province[24].

[21] *Chansons populaires de l'Anjou...* Angers, A. Bruel [1926], p. 475-476, 3 couplets, refr., musique.

[22] Paris, E. Leroux, 1906, 3 vol. (Littérature orale et Traditions du Nivernais). Je remercie M. Georges Delarue qui m'a communiqué une partie du quatrième volume resté inédit d'Achille Millien.

[23] (Coll. Catherine et John Perrier-Wright, Emmanuel Lazinier et C. Laforte) *Beau Maréchal* chantée le 18 septembre 1971 par Mme Andrée Duffault, environ 55 ans, à Touchay (Cher) (près de Lignière) en Berry. Étaient aussi présent à l'enquête MM. Duffault et Roger Péarron.

[24] On en trouve aussi une version d'un seul couplet avec mélodie mais sans localisation dans Paul OLIVIER, *les Chansons de métiers*, Paris, 1910, p. 156-157.

Bien entendu, ces gauloiseries n'attirent pas les interprètes en quête de répertoire; l'esprit scientifique ne doit pas s'embarrasser de ces considérations. Ces omissions si elles ont été trop nombreuses sont de nature à fausser notre jugement sur la mentalité populaire. Le fait que cette chanson a plus de quatre siècles d'existence lui confère une dignité incontestable qui lui mérite notre attention aussi bien qu'une page de Rabelais ou qu'un fabliau du Moyen Âge.

CINQUIÈME CATÉGORIE

Chansons brèves

Il ne s'agit pas ici d'un résidu des autres catégories : des fragments de chansons peuvent s'y retrouver sporadiquement, mais, règle générale, cette catégorie comprend des chansons dont la nature particulière est la brièveté. Si elles sont les plus humbles de toutes, elles ne sont pas pour cette raison uniquement destinées aux enfants : elles intéressent tous les âges. Caractérisées par leur peu de développement, elles n'ont jamais plus de trois strophes ou couplets; souvent deux vers leur suffisent comme :

> Les Canadiens ne sont pas des fous
> Partiront pas sans prendre un coup

Ou bien

> Les clairons du roi et des dames
> Les clairons du roi joli.[1]

Les sujets, les thèmes, les formes et les structures de ces chansons sont tellement variés qu'on ne peut les décrire globalement que par leur caractère commun qui est la brièveté. Ce n'est qu'à l'examen des divisions

---

[1] L'auteur l'a apprise de son père en 1953 à Kénogami.

et subdivisions de cette catégorie que l'on peut vraiment comprendre ce caractère commun. Nous définirons donc chaque groupe particulier à son ordre.

Par la formule strophique, ces chansons brèves peuvent se ramener à la première, à la deuxième ou à la sixième catégorie, c'est-à-dire la chanson en laisse, la chanson strophique, ou la chanson sur des timbres.

Pas plus par la structure que par les genres et les thèmes elles n'offrent de principes communs de divisions et de subdivisions. Nous les regroupons d'après leurs ressemblances sous dix-huit rubriques qui pourront avec le temps augmenter ou diminuer: les cinq premières comprennent les chansons pour enfants, et les autres, celles de tous les âges.

1. Berceuses; 2. Rimettes enfantines chantées; 3. Comptines chantées; 4. Formulettes de jeux chantées pour danser à la corde, pour la balle au mur, etc.; 5. Rondes enfantines; 6. Chansons aide-mémoire pour les mélodies de danse (timbres); 7. Sonneries de chasse à courre et langage des cloches; 8. Canons; 9. Courtes chansons de société; 10. Chansons attrapes; 11. Chansons dans les contes populaires; 12. Fragments ou brèves chansons isolées; 13. Fragments de chansons non identifiées *dans la littérature*; 14. Refrains isolés; 15. Pots-pourris; 16. Les cris des marchands ambulants de marché et de foire; 17. Cris de ralliement des étudiants; 18. Chants des oiseaux et cris des animaux (la faune).

1. BERCEUSES

La berceuse est un genre qui a été bien cultivé par les musiciens: presque tous en ont composé. Mais seules les berceuses anonymes sont folkloriques. Nous ne pouvons considérer celles des musiciens même si elles sont populaires par le genre.

N'importe quelle chanson peut servir pour endormir les enfants, mais il y en a qui sont préférées des mamans et des enfants, comme *Perrine des bois, Fais dodo pignoche, Ah! si j'étais petite mère, Dodo, ferme tes beaux yeux, Endors-toi, mon fils, Fais dodo Colas, Sainte-Marguerite endormez ma petite, la Poulette grise* (qui est aussi énumérative), etc.

2. RIMETTES ENFANTINES CHANTÉES

Les rimettes enfantines ont pour but d'amuser les enfants plutôt que d'être chantées par eux, comme *Je babille comme une grande fille*, *Claque mes petites mains*, *Ainsi font, font, font*.

> Ainsi font font font
> Les petites marionnettes;
> Ainsi font font font
> Un petit tour
> Et puis s'en vont.[2]

Ou bien

> Claque, claque mes petites mains
> Tourne, tourne, mon petit moulin
> Les jolies, jolies menoches
> Les jolies, les jolies menoches à Tit-Louis.[3]

En anglais, on nomme ces petites chansons *Nursery rhymes*, ce qui peut se traduire littéralement par rimes ou rimettes de nourrice. Un certain abbé Raillard en 1557 à Rouen en a compilé un recueil sous le titre *la Friquassée crotestillonée...*[4]. Cette expression imagée et archaïque convenait bien à ce « menu fretel ». Aujourd'hui, M. Roger Pinon, à l'exemple de Ph. Kuhff[5], préfère appeler ces rimettes des enfantines. Il propose les divisions suivantes: « les berceuses, les taiseuses, les amusettes, les sauteuses, les risettes aux doigts, aux orteils et au corps, le théâtre des doigts et des claquettes[6] ». Sauf les berceuses qui font l'objet de notre première division des chansons brèves, ces subdivisions de Pinon peuvent convenir aux rimettes enfantines chantées.

---

[2] E. ROLLAND, *Rimes et Jeux de l'enfance*, p. 17.

[3] Chantée par Mme Arsène Lapierre, 81 ans, le 26 juillet 1956, à Kénogami. (Archives de folklore, Coll. François Brassard, enreg. n° 45).

[4] Rouen, Henry Boisset, 1863, xv– 28 p., 19 1/2 cm. (Société des Bibliophiles normands). Réédition de l'imprimé de 1604 reproduisant un manuscrit daté de 1557.

[5] *Les Enfantines du bon pays de France*.

[6] « La nouvelle lyre malmédienne », ou la Vie en Wallonie malmédienne reflétée dans la chanson folklorique. Fascicule n° 1, p. 9. Extrait de *Folklore Stavelot - Malmedy*, vol. XIII, 1949, p. 35-66.

3.   COMPTINES CHANTÉES[7]

La comptine est une formulette d'élimination dont se servent les enfants pour savoir qui commencera le jeu. Ces petites formulettes sont parfois chantées sur une mélodie qui se rapproche beaucoup d'un récitatif. Par exemple, *les Cerises, Il est midi, Belle Pomme d'or* sont chantées.

> *Les Cerises*
> Un, deux, *trois,* je m'en vais au *bois*
> Quatre, cinq, *six,* pour cueillir des *cerises*
> Sept, huit, *neuf,* mon panier plein d'*oeufs*
> Dix, onze, *douze,* mes pommes sont toutes *rouges.*[8]

Les subdivisions de ces comptines peuvent se faire selon la classification de Émile Bodmer[9], celle de Roger Pinon[10] qui adapte celle de Bodmer, ou celle de Luc Lacourcière qui a fait une mise en ordre de la matière canadienne dans le but de regrouper les versions ensemble.

4.   FORMULETTES DE JEUX CHANTÉES

Les jeux s'accompagnent parfois de formulettes. Nous retenons celles qui sont chantées comme dans le jeu des cloches :

> Quand mon père était bedeau,
> Sonne les cloches et sonne les cloches,
> Quand mon père était bedeau
> Sonne les cloches et tombe sur le dos.[11]

Les jeux qui ont généralement une formulette chantée sont des danses à la corde, la balle au mur et la balle au sol.

Pour danser à la corde, les enfants chantent, par exemple :

> Embarque (*ter*)
> Dans mon joli bataillon
> Nous partirons dimanche

---

[7] Voir à ce sujet le travail de Luc LACOURCIÈRE, « Comptines canadiennes », dans *les Archives de folklore,* vol. III. 1948, p. 109-157.

[8] Luc LACOURCIÈRE, *loco cit.,* p. 146.

[9] *Empros oder Anzählreime der französischen Schweiz.*

[10] *Loco cit.,* vol. XVI, p. 22.

[11] Madeleine DOYON-FERLAND, « Jeux, jouets et divertissements de la Beauce », dans *les Archives de folklore,* vol. III, 1948, p. 176.

À la voix du canon.

Si j'étais-t-hirondelle
Je pourrais voler
Aller à Saint-Fidèle
Aller m'y reposer.[12]

5. Rondes enfantines

Les danses rondes, ou en rond, ont eu longtemps la faveur des adultes et de la jeunesse. Elles ont porté les noms de carole, rondet de carole, de branle, etc. Aujourd'hui il est extrêmement rare de voir des adultes danser en rond en chantant des chansons de ronde. Mais les enfants ont conservé ce genre archaïque. Nous ne nous attarderons pas à savoir si ces rondes enfantines sont des danses d'adulte dégénérées ou si elles étaient des jeux d'enfants mimant les danses rondes d'adultes. Les deux théories peuvent se défendre. Les enfants n'utilisent pas uniquement des chansons brèves pour leurs rondes. Ils en ont d'assez étendues pour figurer dans la première, la deuxième et la quatrième catégories. Les chansons en laisse et les chansons énumératives se prêtent très bien à la ronde. Mais il y a un groupe de brèves chansons de ronde qu'aiment chanter les enfants comme : *Dans un bocage*, *Danse — L'Aiguille de bois*, *Danse — Le Bon Vin qui danse*, *Danse — C'est mon beau laurier*, *Danse — La Danse du rosier*, *Danse — Le Gibier blanc*, *Danse — Laquelle marierons-nous*, *Danse — Mon compère, que diriez-vous?* *Danse — Le Nid du lièvre*, *Danse — Nous n'irons plus au bois*, *Danse — Papillon vole*, *Danse — Ramenez vos moutons*, *Deux Oiseaux qui volent*, etc.

Exemple : *Danse — J'ai des pommes à vendre*

J'ai des pommes à vendre
Elles sont rouges et blanches
À cinq sous, à dix sous
Mademoisell' détournez-vous.[13]

---

[12] Souvenirs d'enfance (Kénogami). Nous en trouvons une variante avec musique dans Louis Lambert, *Chants et Chansons populaires du Languedoc*, Paris, Welter, 1906, vol. I, p. 47, musique. Le même ouvrage contient 15 autres formulettes pour danser à la corde, avec mélodie, p. 45-54.

[13] Chantée le 15 juillet 1954 par Lisette Laforte, 10 ans, Gisèle Boucher, 10 ans, Marie-Andrée Vigneault, 8 ans et Françoise Vigneault, 11 ans, à Kénogami (Chicoutimi), Québec. (Archives de folklore, Coll. Conrad Laforte, enreg. n° 4).

6. Chansons timbres ou aide-mémoire pour les mélodies de danse

Les mélodies des danses d'adulte, les cotillons et les quadrilles, le violoneux les mémorise par de petits couplets et refrains. Les collectionneurs ont rarement recueilli ce genre de pièces. Parfois ces brèves chansons incompréhensibles sont chantées par les enfants ou autres personnes qui n'en connaissent pas l'utilité. M. Harry Poitras de Baie-Sainte-Catherine nous en a chanté quelques-unes avant de jouer les airs de danses, des cotillons de forme rondeau.

Le cotillon : *Les Yeux noirs* a comme chanson timbre :

> Tous les yeux noirs sont des beaux yeux
> Moi, j'aime que les bleus.[14] } *ter*

Le cotillon : *La Petite Menteuse*

> Petite menteuse   (*bis*)
> Tu disais que tu m'aimais   (*bis*)
> Tra, la, la, la, la, la, la (turlute).[15]

Le cotillon : *L'Habitant v'limeux*

> As-tu vu passer cet habitant v'limeux ?
> Avec ses culottes de toile et ses gros souliers de boeuf } *ter*
> Tu m'as pincé dondaine
> J'ai la peau du ventre   (*bis*)
> Tu m'as pincé dondaine
> J'ai la peau du ventre
> Tout massacrée.[16]

Le même violoneux, M. H. Poitras, nous a chanté, pour son *quadrille*, la cinquième et la sixième parties : la galope et la bistringue.

> *La galope :*
>
> Si mon poupa voulait
> D'la guenille (*bis*)

---

[14] Archives de folklore, Coll. Conrad Laforte, enreg. n° 219.

[15] *Ibid.*, enreg. n° 196. Ce texte avec quelques variantes sert de refrain dans la chanson *la Menteuse* et il forme aussi une ronde enfantine *Danse — La Petite Menteuse*.

[16] *Ibid.*, enreg. n° 221.

Si mon poupa voulait
D'la guenille j'en arrais.
(Turlute)

La bistringue :

Mademoiselle voulez-vous danser?
La bistringue (*bis*)
Mademoiselle voulez-vous danser
La bistringue va commencer.
(Turlute)[17]

Le quadrille était à la mode au XIXe siècle. Presque tous les musiciens en ont composé sur des mélodies de chansons connues. Antoine Dessane, en 1855, Ernest Gagnon, en 1859, et William Ranke, en 1861, ont publié tous les trois des quadrilles sur des airs de chansons populaires recueillies à Québec.

7. SONNERIES DE CHASSE À COURRE ET LANGAGE DES CLOCHES

La chasse à courre, au Canada, ne semble pas avoir une longue tradition puisqu'on essaie de l'implanter depuis quelques années dans l'est de la province de Québec; mais en France, c'est une des coutumes les plus antiques. Le répertoire des sonneries de trompe mérite d'être examiné tant au point de vue de la musique que des paroles. On a souvent fait des comparaisons entre les mélodies des sonneries de chasse à courre et celles des chansons populaires. Les airs et les paroles se trouvent en bon nombre dans le *Chansonnier du chasseur* compilé par N. Tellier qui se donne le titre de professeur de trompe.

Le langage des cloches et des carillons est d'une tradition universelle qui a tendance à disparaître aujourd'hui. Il a même donné lieu à un proverbe : « C'est comme le son des cloches, auxquelles on fait dire tout ce qu'on veut. » Georges Kastner[18] qui le commente donne plusieurs exemples de paroles chantées sur le son des cloches et carillon en Allemagne, à Londres et en Sicile.

---

[17] *Ibid.*, enreg. n° 202.

[18] *Parémiologie musicale de la langue française...*, p. 441-444.

En Allemagne, à Keitum, les cloches disent deux mots *Ing* et *Dung*. Ce sont les noms des deux sœurs qui ont fait bâtir le clocher. À Ditges ou Dittes, en Allemagne, le carillon chante sur deux notes : *sol* et *ré* : « Tolles Ditges, tolles Ditges ! Ihr Narren ! » Ce qui veut dire : « Sots habitants de Ditges, sots habitants de Ditges, ô fous que vous êtes. » À Londres, en Angleterre, les cloches de Saint-Clément proclament :

> « Oranges and Lemons
> said the bells of St-Clement's ».

Les cloches de Baily demandent :

> « Quand me payerez-vous ? »

Celles de Shoreditch répondent :

> « Quand je serai riche. »

En Sicile, la cloche dit :

> « Dammi, e dugnu »

Ce qui veut dire : Donne-moi, je te donnerai.

En France, tout le monde connaît le célèbre carillon de Vendôme sur lequel on chante :

> Orléans, Beaugency,
> Notre-Dame de Cléry,
> Vendôme, Vendôme.

L'abbé Brémond en avait même « fait le slogan de sa campagne pour la Poésie Pure[19] », nous apprend H. Davenson. On a composé de nombreuses paroles sur ce carillon.

À Québec (Canada), le carillon de la cathédrale anglicane de la rue Desjardins chante pour les catholiques :

> « Tous les Anglais vont en enfer »
> Oui en enfer (*bis*)[20]

L'église Saint-Jean-Baptiste chante pour les anglicans :

> « Go to hell. »[21]

---

[19] Henri DAVENSON, *le Livre des chansons...*, p. 579, musique ; voir aussi J.-B. WEKERLIN, *la Chanson populaire*, p. 27, musique ; J.-B. Christophe BALLARD, *la Clef des chansonniers...*, vol. I, p. 206-207, musique.

[20] Chanté par Mme Pierre Vézina (Blanche Savard) de Québec, en 1940. (Archives de folklore, Coll. Luc Lacourcière, ms. n° 37).

[21] Même informatrice et même collection, ms. n° 38.

Pour terminer sur de meilleurs sons de cloches, nous savons que le carillon de Lourdes joue l'*Ave Maria*. À Campbellton (Nouveau-Brunswick), dans la communauté des Filles de Marie de l'Assomption, une soeur âgée chantait sur le son du carillon d'une horloge, imitant celui de Westminster :

> Sang de Jésus, bénis ma vie.
> Sang de Jésus, bénis ma mort.[22]

8. CANONS

Le canon est une phrase musicale que des voix, en nombre indéterminé, attaquent l'une après l'autre, et peuvent reprendre indéfiniment. Les canons populaires sont les plus simples comme *Frère Jacques, Grégoire est mort, Bonjour Pierrot, Sur le quai de la ferraille*.

> Boujour Pierrot
> Bonjour Michot
> Tuons le coq ! (*bis*)
> Il ne fera plus :
> Coq holà, coq holà
> Il ne fera plus :
> Coq holà ricot.[23]

9. COURTES CHANSONS DE SOCIÉTÉ

Nous appelons ainsi certains couplets qui se chantent dans des réunions joyeuses et des soirées, comme *Bonsoir mes amis bonsoir, Ce n'est qu'un au revoir, les Canadiens ne sont pas des fous, Nous ne sommes pas des grenouilles, Passe la cruche Midas, Passe ton verre à Martin, la Queue du loup (chatte), Payons-lui son salaire, le Chanteur demande à boire, le Chanteur en terminant*, etc.

> Rendons-lui son compte ! (*bis*)
> Que son voisin le s(e)conde, (*bis*)
> Car il sait bien chanter !
> Ah ! ça va, ça n(e) va guère !

---

[22] Communiqué par Soeur Jeanne-d'Arc Daigle, f.m.a., en 1969.

[23] *Le Chansonnier des collèges, Supplément*, p. 72.

> Il ne se fait pas prier.
> Ah ! ça va, ça n(e) va pas !
> Silence ! il va chanter.[24]

10.   CHANSONS ATTRAPES

Une chanson attrape contient un piège. Par exemple, dans un groupe, un chanteur demande de répéter après lui et il chante :

> Chez nous nous n'avons pas de balai

Le groupe reprend :

> Chez nous nous n'avons pas de balai

Alors le chanteur répond :

> *Achetez-vous en.*[25]

Autre exemple :

> Canot d'écorce percé pas capable d'traverser (*bis*)
> Si t'es pas capable de traverser reste l'autre côté.[26]

11.   CHANSONS DANS LES CONTES POPULAIRES

Certains contes populaires contiennent de courtes chansons, par exemple *les Os qui chantent* (conte-type nº 780 de la classification Aarne-Thompson).

> Ma mère m'a tué
> Ma sœur m'a fait bouillir
> Mon père m'a mangé.[27]

Autre exemple : *la Pénitence des trois moines* (conte-type, groupe 1800-1809).

Les trois chantent leur pénitence :

> Savez-vous pourquoi j'fais pénitence ?
> Avec du lard, avec du lard, le mercredi des cendres.[28]

---

[24] É.-Z. Massicotte, « Chants populaires du Canada », dans *The Journal of American Folklore*, vol. XXXII, nº 123, janvier-mars 1919, p. 61.

[25] Chantée par Henri Dubé en 1950 à Saint-Samuel (Frontenac). (Archives de folklore, Coll. Luc Lacourcière, ms. nº 8).

[26] Chantée par John Proulx à Hawkesbury (Ontario). (Coll. É.-Z. Massicotte, BM-1580.)

[27] *Revue des traditions populaires*, vol. XXVIII, nº 6, juin 1913, p. 270, conte avec une chanson.

[28] Chantée par Ernest Gagné le 5 septembre 1954, à Chicoutimi. (Archives de folklore, Coll. Conrad Laforte, enreg. nº 140). Une autre version dans *Revue des traditions populaires*, vol. VIII, 1893, p. 554.

12. Fragments ou brèves chansons isolées

Cette rubrique peut convenir à toutes sortes de chansons courtes qui n'entrent dans aucun autre groupe. Que ce soit d'anciens vaudevilles, d'anciennes parodies ou des bribes de chansons non identifiées, comme *Coton barlicoton, Encore un barreau de cassé, Encore un petit verre, Encore un petit coup, le Chat de ma tante, Joé Ferrail, la Morue sèche, le Do de ma clarinette,* etc., Certaines de ces brèves chansons pourront un jour être identifiées et être rangées dans une autre catégorie.

13. Fragments de chansons non identifiées, dans la littérature

De tout temps les écrivains ont cité ici et là dans leurs oeuvres des chansons populaires. Comme elles étaient généralement connues aux écrivains et à leurs contemporains, ils se sont contentés d'y faire allusion par des citations d'un ou quelques vers. Aujourd'hui, pour différentes raisons, il arrive qu'on ne puisse trouver le texte complet de la chanson. Nous la déposons donc provisoirement dans ce groupe. Ces cas particuliers s'éclaireront peut-être au cours des recherches car il faudra les soumettre à des examens périodiques. L'exemple classique de ce groupe est la chanson que Molière met sur les lèvres d'Alceste dans *le Misanthrope.*

> Si le roi m'avait donné
> Paris sa grande ville
> Et qu'il me fallait quitter
> L'amour de ma mie
> Je dirais au roi Henri
> Reprenez votre Paris
> J'aime mieux ma mie
> Oh gué,
> J'aime mieux ma mie.

La chanson dans la littérature est un sujet des plus intéressants. Nous y voyons de nombreuses citations de fragments que les commentateurs sont bien embarrassés d'identifier: ils se contentent généralement d'écrire en note « chanson populaire ». Nous en trouvons dans les oeuvres littéraires de tous les âges à partir du *Roman de Guillaume de Dole,* de *Renart le nouvel,* en passant par Rabelais, par Noël du Fail, jusqu'aux romantiques et réalistes.

14.   REFRAINS ISOLÉS

Il arrive parfois à un enquêteur de recueillir un refrain isolément, sans les couplets. Dans certains cas, il est impossible d'identifier avec certitude la chanson à laquelle il se rattache. Les refrains des chansons en laisse passent facilement d'une laisse à l'autre, par exemple, *C'est l'aviron qui nous mène*, *la Clarinette a perdu sa note*, etc.

Un refrain a été recueilli isolément par Massicotte :

> Envoy' fort charr'tier
> Tu n's'ras pas payé
> Tu t'en iras nu-tête
> Envoy' fort charr'tier
> Tu n's'ras pas payé
> Tu t'en iras nu-pied.[29]

Ce même refrain a été recueilli comme celui de *l'Embarquement de la fille du bourgeois*[30]. Rien ne nous autorise à croire qu'il n'appartenait pas aussi à une autre chanson.

En outre, il existe plusieurs similitudes entre les refrains et les chansons brèves surtout au point de vue des procédés populaires de style, ce que nous constaterons dans nos considérations sur le refrain, après l'examen de la septième catégorie.

15.   POTS-POURRIS

Un pot-pourri est formé de fragments de chansons juxtaposées. C'est un art qui demande de l'habileté pour choisir des vers et des phrases musicales propres à s'unir pour produire certains effets. Les pots-pourris récents ne présentent pas beaucoup d'intérêt, mais les anciens peuvent nous apporter précisément des témoignages d'ancienneté pour certaines chansons, par exemple celui qu'on intitule *Fricassée (N'a vous point veu la péronnelle)* dans *la Fleur des chansons amoureuses*[31]. Tous les fragments qu'on peut identifier vont retrouver leurs versions soeurs, mais

---

[29] Coll. É.-Z. Massicotte, MN-549.

[30] Chantée le 28 juin 1962 par Germain Landry, à Mont-Carmel (Champlain). (Archives de folklore, Coll. Léo-Paul Landry, sous la direction de l'abbé Émile Descoteaux, D-794).

[31] *où sont comprins tous les airs de court* [sic]..., p. 475-476.

les autres peuvent être groupés ici pour qu'après plusieurs examens périodiques on finisse par découvrir à quelles chansons ils appartiennent.

Parmi les pots-pourris, un genre des plus originaux a consisté à composer une pièce de théâtre où le texte est uniquement formé de fragments de chansons comme *la Comédie de chansons* (1640) et *l'Inconstant vaincu* (1661) par Étienne Loison.

Cependant une pièce de théâtre farcie de chansons comme *le Savetier Calbrain* ne peut être considérée comme un pot-pourri mais doit être classée dans le groupe 13 (Fragments de chansons non identifiées, dans la littérature). Il en est de même pour les nombreuses chansons intercalées dans le théâtre de la foire au XVIIIᵉ siècle.

16. CRIS DES MARCHANDS AMBULANTS, DE MARCHÉ ET DE FOIRE

Les réclames rimées et chantées par les marchands ambulants des rues, des marchés et des foires sont aujourd'hui des souvenirs d'antan. Ils n'ont plus de place dans nos villes modernes, quoiqu'on puisse encore en entendre dans certaines grandes villes où l'ancien et le nouveau voisinent. Les cris de Paris, par exemple, sont célèbres. Le premier à les écrire fut un poète du XIIIᵉ siècle, Guillaume de la Villeneuve, qui a laissé un manuscrit intitulé *les Crieries de Paris*[32]. Après lui, d'autres s'y sont intéressés comme Victor Fournel, dans *les Cris de Paris,* et enfin Georges Kastner, dans *les Voix de Paris,* qui en a publié les mélodies. À Montréal, Édouard-Zotique Massicotte a relevé un certain nombre de cris de marchands ambulants[33].

Le crieur le plus original était le vendeur de galettes surnommé *Galette-Madame* qui criait :

> Galette, galette, galette
> Bonne galette au beurre
> Pas trop d'beurr' dedans

---

[32] Reproduit dans Alfred FRANKLIN, *la Vie privée d'autrefois...,* p. 133-145.

[33] É.-Z. Massicotte, « Métiers de la rue », dans *le Monde illustré,* Montréal, 7ᵉ année, n° 350, samedi 17 janvier 1891, p. 595 ; n° 379, 8 août, p. 231. Aussi du même auteur « Cris et types montréalais », dans *le Monde illustré,* Montréal, 7ᵉ année, n° 333, samedi 20 septembre 1890, p. 323 ; n° 334, 27 septembre, p. 342 ; n° 336, 11 octobre, p. 374 ; n° 340, samedi 8 novembre, p. 430. Voir aussi Soeur Denise RODRIGUE, s.c.i.m., *la Civilisation canadienne-française retracée dans les écrits d'É.-Z. Massicotte,* janvier 1968, p. 125-126.

Le beurr' a passé au travers
De la tinette
Pour rejoindre la galette...
Galette, galette madame
Troisse pour cinq cennes.[34]

Dans le *Passe-Temps* de Montréal on a publié avec musique le cri que chantait le vendeur de blé d'Inde :

Du bon blé d'Inde bouilli
Cinq cents pour trois bouillis.[35]

17.   CRIS DE RALLIEMENT DES ÉTUDIANTS

Les cris de ralliement sont aussi en voie de disparition. Les étudiants et les associations de jeunesse avaient chacun leurs cris de ralliement. Les étudiants de l'Université de Montréal, il y a quelques années, en avaient un curieux qui commençait ainsi :
Boum à la Kaboum à la Kaboum boum boum...[36]

18.   CHANTS DES OISEAUX ET CRIS DES ANIMAUX (LA FAUNE)

Les ornithologues notent avec précision les chants des oiseaux, ils vont même jusqu'à les enregistrer, mais le peuple les interprète. Il y a de ces interprétations assez amusantes. La mésange à tête noire[37] chante *qui-es-tu-tu-tu*. Le pinson à gorge blanche[38] chante *Je-suis-Frédéric-Frédéric-Frédéric*. Bien des gamins de tous âges l'entendent autrement : « *Cache ton nez Frédéric, Frédéric*[39] », ou plus couramment « *Cache ton cul Frédéric, Frédéric* ».

Il n'y a pas que les ornithologues et le peuple qui ont été frappés par le chant des oiseaux; quelques-uns même ont introduit ces chants dans leurs

---

[34] É.-Z. Massicotte, « Cris et types montréalais », dans *le Monde illustré*, Montréal 7ᵉ année, n° 340, 8 novembre 1890, p. 435.

[35] Vol. XIII, n° 324, 24 août 1907, p. 364, musique.

[36] Uldéric ALLAIRE en donne un semblable avec mélodie dans *le Chansonnier canadien...*, p. 39.

[37] *Parus atricapillus (Linnaeus).*

[38] *Zonotrichia albicollis (Gmelin).*

[39] *Chante rossignolet*, illustration de Madeleine Fortin [Québec], p. 62.

pièces musicales. Olivier Messiaen a composé plus d'une pièce inspirée des chants d'oiseaux. Trois poètes français Ronsard, Du Bartas et Gamon ont interprété le chant de l'alouette dans leurs vers.

Elle, guindée de zéphyre
Sublime en l'air vire et revire,
Et y décligne un joli cri
Qui rit, guérit et tire l'ire (chagrin)
Des sourirs mieux que je n'écris.

(RONSARD)

La gentille alouette, avec son tire l'ire,
Tire l'ire a liré, et tire lirant tire
Vers la voûte du ciel; puis son vol vers ce lieu
Vire et désire dire: Adieu, dieu! adieu, dieu!

(DU BARTAS)

L'alouette en chantant veut au zéphyre rire,
Lui crie: Vie! Vie! et vient redire à l'ire:
Ô ire, fuy, fuy, quitte, quitte ce lieu
Et vite, vite, vite, adieu, adieu, adieu.

(GAMON) [40]

Pour terminer comme dans les contes populaires avec une formule appropriée, voici l'interprétation du chant du goglu[41] au printemps à Lotbinière telle que M. Florent Lemay (65 ans) l'a chantée: « Séléguine, séléguine, goguelus, goguelus, spiritu, spiritu, spiritu, sanctu, maudit Baptiste Pérusse, Pérusse, zing, zing, zing dans l'foin[42] ». Le goglu fréquente les champs où croissent les grandes herbes. Son chant est décrit comme « un charmant glouglou sonore qui consiste en de courtes notes à tonalité de banjo[43] ». Ce qui peut donner lieu à cette interprétation originale.

Après cet examen du répertoire des chansons brèves, nous constatons que ce sont vraiment des chansons de peu d'étendue, car des berceuses, des rimettes enfantines, des comptines, des formulettes de jeux, etc., sont né-

[40] Cité d'après Raoul AUBÉ, « Harmonie imitative », dans *la Tradition*, Paris, vol. VIII, 1895, p. 232-233.

[41] *Dolichonyx oryzivorous (Linnaeus)*.

[42] Le 20 octobre 1955, à Lotbinière (Archives de folklore, Coll. Luc Lacourcière, enreg. n° 2760).

[43] W. Earl GODFREY, *les Oiseaux du Canada*..., p. 408.

cessairement courtes. La caractéristique commune à toute la catégorie est bien la brièveté : on ne peut les concevoir autrement.

Un certain nombre, comme celles du sixième et septième groupes, aurait pu être reporté dans la sixième catégorie des timbres mais nous les retenons ici à cause de leur brièveté. Pour bien comprendre et étudier les chansons brèves ainsi que les refrains, si l'on songe surtout aux mimologismes, il faut faire appel à la phonétique et à la stylistique. Le rythme, les rimes, les assonances, les allitérations, les onomatopées, l'alternance de sons, la répartition des sons, l'harmonie imitative, les constructions en parallèle ou en chaîne, en un mot l'utilisation affective des sonorités résultent de procédés techniques que le peuple emploie naturellement, mais que les poètes et écrivains réussissent après bien des efforts lorsqu'ils maîtrisent leur métier.

SIXIÈME CATÉGORIE

Chansons chantées sur des timbres

Nous lisons souvent dans les recueils anciens à la suite du titre d'une chanson : « *sur le chant de* » ou sur « *l'air de* », suivi du titre ou de l'incipit d'une autre chanson. C'est ce que nous appelons le timbre. Le mot *timbre* est pris ici dans une acception propre aux chansonniers. Il désigne une sorte de cachet ou la marque d'identification d'une mélodie. C'est en ce sens que le définit Capelle dans *la Clé du Caveau* : « On entend par le mot timbre, la désignation d'un air quelconque, en citant le premier vers de la chanson ou du couplet qui lui a donné lieu[1]. » Ce qui revient à dire que le timbre n'est pas la mélodie mais son nom, c'est-à-dire la façon de l'identifier. Littré ne le comprend pas autrement puisqu'il le définit : « Premier vers d'un vaudeville connu, qu'on écrit au-dessus d'un vaudeville parodié pour indiquer sur quel air ce dernier doit être chanté. »

Patrice Coirault, dans une rétrospective des définitions du mot *timbre*, termine en s'appuyant sur Hatzfeld et Darmesteter[2] pour dire que ce terme désigne à la fois la mélodie et son nom :

Dans notre sujet, timbre s'entend de tout air, vocal ou instrumental, préexistant aux paroles qui s'y joignent pour faire morceau de chant ou former une chanson. Il indique

---

[1] 3ᵉ éd., p. III.

[2] « Air connu sur lequel les vaudevillistes composent des couplets, et qu'ils indiquent en tête de la chanson. » *Dictionnaire général de la langue française...*, Paris, 1924, *timbre*, 4ᵉ Spécialt.

pareillement la formule verbale, plus ou moins courte, qui désigne l'air en question, quand on veut s'y référer ou bien l'utiliser à nouveau, et qui rappelle ou son premier emploi ou l'un de ses plus connus[3].

Voilà une définition qui ne laisse pas de place à l'interprétation. Les deux réalités sont incluses : la mélodie préexistante et son appellation.

Les chansonniers et les spécialistes de la chanson folklorique emploient couramment le mot *timbre* sans toutefois en préciser le sens. Pour ne citer que deux contemporains : Davenson l'utilise dans *le Livre des chansons;* Barbier et Vernillat dans *Histoire de la France par les chansons* remplacent l'expression *sur l'air de* par *timbre*. Les chansons composées sur des timbres offrent un double intérêt très différent : celui du timbre même et celui des sujets ou thèmes des chansons.

LES TIMBRES

L'étude des timbres est complexe et doit recourir à plusieurs techniques. Leur classification devra se faire sous trois chefs.

Par sa définition le mot *timbre* réfère à deux réalités : premièrement, la formule verbale ou appellation de la mélodie; deuxièmement, la mélodie elle-même, c'est-à-dire l'air, la musique. Une troisième classification découle du rapport le plus étroit entre la mélodie et la poésie : je veux parler de la versification. Il faudra codifier ici toutes les formules strophiques possibles pour chaque timbre.

Les appellations des timbres sont des formules verbales qui peuvent d'abord être classées par ordre alphabétique. Nous préconisons l'ordre alphabétique par mots comme dans un dictionnaire où ne compte pas l'article initial (sauf pour les noms propres). En regard de ces formules qui sont des titres ou incipit, il faut inscrire la référence à la mélodie. En un mot, c'est un index dont le premier but est de guider le plus rapidement possible vers le timbre quelle que soit l'appellation donnée.

Un même timbre peut avoir plusieurs appellations. Les paroles qui désignent une mélodie n'ayant jamais été fixées définitivement ont changé avec le temps par suite de la popularité des nouveaux textes verbaux. Capelle dans *la Clé du Caveau* parle de faux timbres, de timbres primitifs ou d'origine. Patrice Coirault qui, dans ses manuscrits personnels de chan-

---

[3] P. COIRAULT, *Notre chanson folklorique*, p. 207, note 2.

sons historiques a dressé des index de timbres, s'est plu aussi à compiler des titres équivalents ou des concordances pour les différentes appellations des autres timbres notés. Par exemple, le timbre de *la Petite Jeanneton* a reçu plusieurs appellations: *C'est Cupidon qui m'inspire, Et son lon la, landerirette, J'aimais une jeune fille, Je suis charmé d'une brune, Lan lon la tourlourirette l. l. l. t...ra, Pour une fois, c'est pas la peine, Une fille de Paris ayant voulu vendanger.* Nous pourrions en trouver d'autres. Il se pourrait même que le timbre de *la Petite Jeanneton* soit antérieur à la chanson. Il y a là toute une chronologie à établir.

Les mélodies elles-mêmes peuvent être classées d'après des critères musicaux. La musique n'étant pas notre spécialité, nous nous garderons bien d'en établir des divisions; mais nous voulons attirer l'attention sur l'étude expérimentale que Patrice Coirault a faite pour sept timbres[4]. Par exemple, pour le timbre *C'est le curé de Môle,* il a superposé vingt-cinq variantes mélodiques de chansons différentes. Ce classement pourrait s'étendre d'une façon systématique à tous les timbres folkloriques. Cependant, nous ne croyons pas que les mélodies des chansons puissent se ramener à une cinquantaine de timbres. Cette superposition des mélodies sous des timbres est plutôt de nature à démontrer que le nombre de timbres populaires est plus considérable qu'on ne le croit. Ce serait peut-être là une des premières démarches qu'un musicologue devrait faire pour étudier la musique folklorique. Mais il se peut bien que, pour la musique comme pour les paroles, la chanson ne révèle ses secrets qu'après l'inventaire de plus de vingt-cinq mille textes.

Pour nous, l'intérêt que nous voyons à ces timbres réside dans la ou les formules strophiques possibles de chacun d'eux. Il faudrait donc comme pour les mélodies un classement de ces formules strophiques pour chaque timbre. La codification de ces formes versifiées ira rejoindre naturellement celles de la première et de la deuxième catégories de notre étude. Mais ici nous pouvons reprendre pour un timbre donné toutes les formules strophiques susceptibles de lui convenir. Ainsi sur la mélodie du *Curé de Terrebonne* (ou de Pomponne) qui a une structure strophique s'accommo-

---

[4] « Quelques exemples de la parenté que montrent des timbres populaires aux XVIIᵉ et XVIIIᵉ siècles avec certaines de nos mélodies folkloriques », dans *Bulletin folklorique d'Île-de-France*, Paris, 23ᵉ année, 3ᵉ série. nº 10, avril-juin 1960, p. 299-309, musique).

dant d'une chanson en laisse : $14 = 8m + 6f$ (*o-e*) et d'un refrain, Collé à fait une chanson strophique à forme fixe en quatrain hétérométrique $8m + 6f + 8m + 6f$ suivi d'un refrain $6m + 3m + 6f$.

> Tant que l'homme désire*a* $\}$ *bis*
> Plaisir, honneur, rich*esse*
> Pour les avoir il emploier*a*
> Courage, esprit, adr*esse*
> Tout le relèv*era*
>   La rir*a*
> Du péché de par*esse*.[5]

Cette métamorphose qui s'opère sous une mélodie ou sous un timbre complique le classement en même temps qu'elle manifeste une évolution ou bien l'ignorance d'une versification ancienne. Maintenant, si un timbre convient à plusieurs formules strophiques, le contraire est aussi vrai. Dans *la Clé du Caveau*, nous avons compté plus de cent soixante mélodies et autant de titres de chansons pour la formule strophique à forme fixe : le huitain d'octosyllabes à rimes croisées en commençant par une féminine.

Il existe aussi ce que j'appellerais des « moules à chansons ». Ce sont des formules accompagnées d'un refrain qui structure la chanson soit en traçant une opposition, par exemple « Voilà la différence, voilà la ressemblance » ; soit en insufflant un caractère religieux, par exemple « Alleluia » (air de *Ô filii, ô filiae*) ; soit en prêtant un double sens ou sous-entendu (comique), « Ah oui bien !… Vous m'entendez bien[6] ! ». Ces formules stimulent et orientent l'inspiration du poète populaire sans donner libre cours à son improvisation comme cela se fait en espagnol[7] dans un genre de chansons de groupe où sur une mélodie sans refrain on improvise sans aucun plan des paroles que le chœur reprend. Nos moules à chansons sont mieux structurés pour guider l'inspiration, ce qu'illustre l'exemple suivant :

---

[5] *La Clé du caveau*, p. 207.

[6] « Vous m'entendez bien » est un des timbres les plus folkloriques ; il sert à la farce populaire sans malice mais avec beaucoup de scatologie, ce qui l'a fait dédaigner par les folkloristes trop sérieux. On en a fait des chansons sur les curés, sur Chiniquy, sur les pommes de terre, sur des noces, etc. *La Clé du caveau* lui donne comme autre timbre : « Où allez-vous monsieur l'abbé ? ».

[7] Joan AMADES, *Folklore de Catalunya…*, vol. II, p. 813.

> L'autre jour en me promenant
> Du long d'un p'tit bois charmant
> J'ai vu t'une bergère
> *Ah! oui bien*
> Qui faisait sur la fugère
> *Vous m'entendez bien.*[8]

Le classement des mélodies, des appellations des timbres et des formules strophiques demande l'aide de techniques particulières, mais il est possible de grouper ces chansons faites sur des timbres par les genres, sujets ou thèmes. Voici les genres des chansons qui sont ordinairement chantées sur des timbres: 1. des parodies et vaudevilles; 2. des chansons historiques; 3. des chansons locales; 4. des chansons politiques et électorales; 5. des cantiques et des noëls.

1. PARODIES ET VAUDEVILLES

Le vaudeville n'a pas toujours eu le sens de comédie légère qu'il a aujourd'hui. Jusqu'au XVIIe siècle, il était synonyme de chanson populaire. Au XVe siècle, à Vire, Olivier Basselin chantait des « vaux de Vire[9] ». Au XVIe siècle Chardavoine publie des chansons en « forme de voix de ville[10] ». Au XVIIe siècle, *vaudeville* a commencé à désigner, en même temps que *chanson*, une pièce de théâtre mêlée de chansons. Pour notre sujet nous considérons le vaudeville comme le définit le *Dictionnaire de Trévoux*: « Sorte de chanson faite sur un air connu... » La recherche de timbres comme témoignages anciens a amené Coirault à faire l'étude du répertoire du théâtre de vaudeville[11]. Le maître invite à dépouiller les pièces les plus anciennes: *Théâtre de la Foire* d'Alain-René Lesage et d'Orneval; *Parodies du nouveau théâtre italien, Nouveau théâtre de la Foire*, les théâtres de Favart, de Vadé, de Collé, de Piis, etc.

Difficiles à distinguer des vaudevilles, en ce qu'elles sont également faites sur des timbres, les parodies cherchent cependant à imiter ou

---

[8] Coll. É.-Z. Massicotte, MN-1236 et BM-1978.

[9] *Vaux-de-Vire...*, voir p. 1–100.

[10] *Le Recueil des plus belles et excellentes chansons en forme de voix de ville...*

[11] *Notre chanson folklorique*, p. 180-185; bibliographie, p. 398-400.

contrefaire d'une façon burlesque ou grotesque.

Les parodies et les vaudevilles, en plus de figurer aux index formels des timbres, des mélodies et appellations, peuvent ici recevoir un classement dans l'ordre alphabétique des noms d'auteurs, des titres, des incipit.

2. CHANSONS HISTORIQUES

La chanson historique est un genre nécessairement littéraire, mais pour qu'une chanson historique puisse faire son chemin, il lui faut une mélodie connue, qui peut être l'oeuvre d'un musicien, ou venir de la tradition orale. La mélodie d'une chanson historique peut donc être folklorique, mais les paroles sont toujours, à quelque dégré, littéraires; l'élément historique étant localisé et daté, il nous permet d'inférer que telle mélodie (ou timbre) était bien connue à telle date, en tel lieu. La première division de ces chansons devrait donc être géographique : France, Canada, Belgique, Suisse et autres pays francophones. À l'intérieur de chaque pays, on pourrait établir l'ordre chronologique, suivi d'un index des noms propres et des sujets s'il y a lieu.

Le répertoire des chansons historiques de France, et plus particulièrement de Paris, est consigné dans de nombreux volumes manuscrits conservés dans les grandes bibliothèques de Paris. Le recueil le plus célèbre est celui de Clairambault et Maurepas[12] qui consiste en la réunion de deux collections totalisant ensemble cent trois volumes manuscrits. Le Roux de Lincy, dans *Recueil de chants historiques français depuis le XIIe jusqu'au XVIIIe siècle,* en a reproduit un bon nombre. Émile Raunié, sous le titre *Recueil Clairambault-Maurepas. Chansonnier historique du XVIIIe siècle,* en a tiré dix volumes avec d'excellents commentaires historiques, mais malheureusement il a délibérément mis de côté toutes les mélodies et mentions de timbre; ce qui rend son travail négligeable pour notre sujet. Pierre Barbier et France Vernillat dans leur *Histoire de France*

---

[12] *Chansonnier dit de Maurepas XVIIIe siècle (1355-1747),* 44 vol. ms. (Paris, Bibliothèque nationale, Ms. Fonds français 12616-12659). Les Ms. 12656 et 12657 contiennent les airs notés rangés par ordre alphabétique.

Chansonnier dit de Clairambault, recueil de chansons historiques, critiques et chronologiques avec des notes sur différents événements arrivés depuis 1549 jusqu'en 1781. 58 vol. ms. (Paris, Bibliothèque nationale, Ms. Fonds français, 12686-12743).

Chansons françaises avec musique notée (Chansonnier Clairambault), XIIIe siècle. Ms. sur parchemin. (Paris, Bibliothèque nationale, Ms. Fonds français, nouvelles acquisitions 1050).

par les chansons reproduisent l'appellation des timbres et les mélodies. Ce serait excellent si l'ouvrage était plus complet et contenait des index.

Pour le Canada, il n'existe pas de compilation comparable à celle de France mais quelques chansons historiques ont été publiées par Hubert Larue[13] et le R.P. Hugolin-Marie Lemay[14]. On en trouve aussi un plus grand nombre disséminées dans les journaux, les feuilles volantes et les manuscrits que Jacques Viger a consignés dans sa *Saberdache*[15].

3. CHANSONS LOCALES

L'histoire locale se prête aux mêmes divisions et subdivisions que l'histoire générale : une division géographique, une subdivision chronologique suivie d'un index des noms propres et des sujets. Ici, il faudrait donner de l'importance aux sujets tels que les chansons relatant des accidents de toutes sortes : meurtres, incendies, noyades, catastrophes et sinistres.

Le répertoire de la chanson locale se retrouve surtout dans la tradition orale. À titre d'exemples, citons la noyade de la noce de *Louis Beaudoin* (1784) et la complainte de *Frédéric Fournier* (1831) sur l'air *Au sang qu'un Dieu va répandre.*

4. CHANSONS POLITIQUES ET ÉLECTORALES

Autrefois, il se faisait beaucoup de chansons à l'occasion des élections, mais aujourd'hui cette tradition est en voie de disparition. Comme pour les chansons locales, les chansons politiques et électorales peuvent avoir une division géographique, une subdivision chronologique suivie d'un index des noms propres.

Les chansons politiques et électorales comme les chansons historiques sont le plus souvent satiriques et diffamatoires. En voici un exemple sur l'air de *Cadet Rousselle* :

---

[13] « Les chansons historiques du Canada », dans *le Foyer Canadien*, Québec, vol. III, 1685, p. 5-72 (tirage à part).

[14] *Vieux Papiers, Vieilles Chansons*, Montréal, 1936. Ouvrage formé de ses deux articles, parus en 1910 et 1913 dans *la Nouvelle France* sous les titres « Échos héroï-comiques du naufrage des Anglais sur l'Isle-aux-Oeufs en 1711 » et « Victoires et chansons ».

[15] Voir Fernand OUELLET, « Inventaire de la Saberdache de Jacques Viger », dans *Rapport de l'archiviste de la province de Québec* pour 1955-1957, vol. XXXVI-XXXVII, p. 33-176.

Notre marine est en chantier
Cela dépend de monsieur Laurier
Monsieur Laurier est militaire
Il veut se battre pour l'Angleterre
Ah! ah! ah! oui vraiment
Monsieur Laurier est bon enfant. [16]

5.   CANTIQUES ET NOËLS

Les cantiques et les noëls appartiennent à un genre littéraire qui utilise des mélodies connues. Il a généralement été de tradition en ce genre de se servir des mélodies d'emprunt. Les *Cantiques de Marseille* [17] sont tous faits sur des airs à la mode au temps de leur composition. Le cantique *À l'honneur de Notre-Dame de la Garde* se chantait sur l'air d'une pastourelle *Un jour, le berger Tircis*; le cantique *À l'honneur de saint Alexis* avait pour timbre *Depuis longtemps qu'en secret je vous aime*. Ce timbre que nos anciens appelaient l'air de *Saint-Alexis* a servi à de nombreuses complaintes locales sur des incendies et des noyades.

À la suite de l'abbé Laurent Durant, l'abbé Simon-Joseph Pellegrin [18] a composé des cantiques et des noëls sur des airs d'opéras et de vaudevilles. Ernest Myrand [19] s'est plu à compiler les timbres empruntés par Pellegrin aux oeuvres de Lulli, de Campra et de Destouches, ainsi que les timbres de vaudevilles.

L'étude des timbres exige une connaissance des techniques musicales non seulement en ethnomusicologie mais aussi en paléographie musicale, car plus un manuscrit ou imprimé est ancien plus il est important. Nous avons déjà vu qu'au *Chansonnier de Clairambault* s'ajoute un manuscrit de musique du XIIIᵉ siècle, et que les deux derniers manuscrits du *Chansonnier de Maurepas* contiennent des mélodies classées par ordre alphabétique des timbres. Il nous semble que le premier imprimé de musique en est un de timbre. *Harmonice Musices Odhecaton* édité par Petrucci en 1501 donne les mélodies sans les paroles, sauf les incipit pour les

---

[16] Chanté par Hélène Lacourcière-Bolduc, à Beauceville, le 17 décembre 1969. Souvenir de 1910 (Archives de folklore, Coll. Luc Lacourcière, ms. n° 39).

[17] Laurent DURANT, *Cantiques de l'âme dévote*, dits de Marseille... accommodés à des airs vulgaires.

[18] *Poésies chrétiennes... Noëls nouveaux... Cantiques spirituels...*

[19] *Noëls anciens de la Nouvelle-France...*, p. 133-136.

identifier. Vingt à trente ans plus tard, Pierre Attaignant[20] publia de nombreux recueils de chansons où il n'imprimait de paroles que sous les mélodies : ce qu'on peut considérer comme des recueils de timbres. Il y a eu par la suite de nombreux recueils de chansons avec mélodies et paroles au complet. Comme ceux de Chardavoine, de Moderne à Lyon, de Mangeant à Caen, etc.

Au XVIIIe siècle, sentant le besoin de grouper les timbres des vaudevilles, Christophe Ballard publia *la Clef des chansonniers* en 1717. Le siècle suivant vit paraître l'ouvrage par excellence pour l'utilisation des timbres : *la Clé du Caveau* de Pierre Capelle, où il y a l'index des timbres, le tableau des coupes strophiques en plus des mélodies. On peut aussi consulter les ouvrages cités au paragraphe des vaudevilles, mais une des compilations les plus importantes est celle que Friedrich Gennrich[21] a faite des chansons avec mélodies retrouvées dans les manuscrits littéraires du Moyen Âge.

Le premier intérêt dans l'étude des timbres est la recherche de témoignages anciens de la chanson folklorique. La mention d'un timbre comme *Sur le pont d'Avignon* dans l'*Odhecaton* indique que la chanson était bien connue au début du XVIe siècle. Sa vogue, sa popularité se manifestent donc par la fréquence des utilisations et des mentions dans le temps et l'espace. Aussi il est intéressant, pour les mêmes raisons, de connaître les différentes appellations et les transformations des mélodies.

---

[20] Pour la liste de ses recueils, voir Daniel HEARTZ, «*La chronologie des recueils publiés par Pierre Attaignant*», dans *Revue de Musicologie*, Paris, vol. XLIV, 1959, p. 176-192.

[21] *Rondeaux, Virelais und Balladen aus dem ersten Drittel des XIV. Jahrhunderts mit den Uberlieferten Melodien.*

Chansons littéraires recueillies comme folkloriques

Cette catégorie en est une de fausses chansons folkloriques. Toutes les collections de chansons recueillies par les collecteurs en contiennent un certain pourcentage. Les éditeurs de chansons populaires n'ont pas toujours été en mesure de les reconnaître ; même les recueils imprimés des provinces de France n'en sont pas exempts. Nous ne voulons pas jeter la pierre à nos devanciers mais simplement constater un fait en toute franchise car personne n'est complètement immunisé contre ce genre de faute.

Dès les premières communications des correspondants du Comité de la langue, de l'histoire et des arts de la France, nous voyons les membres examinateurs aux prises avec ce problème. Seule leur érudition les guide dans le choix des poésies vraiment populaires. Il n'y a jamais eu de loi positive pour reconnaître infailliblement une chanson folklorique, mais, aujourd'hui, nous pouvons avoir la présomption qu'une chanson entrant dans une des six catégories précédentes est de tradition orale. Ce n'est pas une certitude absolue mais, jusqu'à preuve contraire, nous la considérons comme telle.

En 1884, Anatole Loquin dans *Mélusine* [1] identifie comme littéraires un certain nombre de chansons publiées comme anonymes dans des recueils de province. Parmi les recueils cités par Loquin, nous remarquons

---

[1] « Notes et notules sur les mélodies populaires », dans *Mésuline*, Paris, 1884, vol. II. p. 28.

ceux de Coussemaker, Champfleury-Weckerlin, Cénac-Moncaut, Bujeaud, Salaberry, Arnaud et Puymaigre. Le fait de trouver quelques chansons littéraires dans un recueil n'infère pas qu'il soit complètement littéraire.

Au Canada, les recueils publiés par Ernest Gagnon, Marius Barbeau, le R. P. Anselme, etc., ne contiennent pratiquement pas de chansons littéraires. Cependant l'on trouve couramment dans la tradition orale *le Docteur Grégoire* et *les Deux Gendarmes (Pandore)* par Gustave Nadaud. *Ma Normandie* par Frédéric Bérat, *Commençons la semaine* par Armand Gouffé, *J'ai du bon tabac dans ma tabatière* par l'abbé Gabriel-Charles de L'Attaignant, *le Beau Dunois* (Partant pour la Syrie), paroles de De Laborde, musique de la reine Hortense, *Rlututu, chapeau pointu* (refrain seulement), paroles de Lassagne, *la Dot d'Auvergne*, paroles de Gustave Lemoine et musique de Loïsa Puget, *Marie ta fille* par Théodore Botrel, *les Boeufs* par Pierre Dupont, etc. Si on a recueilli des chansons littéraires au Canada, on en a très rarement publié.

En 1938, Marguerite Béclard-d'Harcourt a harmonisé une chansonnette de Paul Henrion en la prenant pour une chanson folklorique du Québec. Il s'agit de *Viv' le roi!* que M. Marius Barbeau avait recueillie à Notre-Dame du Portage[2]. Ces erreurs involontaires peuvent contribuer à discréditer le folklore auprès de certains lettrés disposés à généraliser, mais, pour nous, cette démarche nous rassure puisqu'elle ne dépasse pas le dixième des chansons recueillies malgré les fumisteries intentionnelles. La supercherie de François Fertiault est bien connue en France. Une chanson qu'il a composée et chantée dans la Bourgogne en 1840 a été recueillie et publiée par Champfleury avec harmonisation de Weckerlin dès 1860. Elle fut recueillie plus d'une fois par la suite même après une mise au point de Fertiault lui-même[3].

Au Canada, la pire des supercheries fut celle que l'abbé Charles-Émile Gadbois[4] a faite pour la chanson le *Bal chez Boulé*. Il a conservé la

---

[2] Marius BARBEAU, *Québec où survit l'ancienne France*, p. 117.
  Marguerite BÉCLARD-d'HARCOURT, *Chansons populaires du vieux Québec*, p. 36-37.

[3] *Histoire d'un chant populaire bourguignon* (1883). Catulle Mendès l'a publiée en 1888 sous le titre *Eho! Eho!* dans *les Plus Jolies Chansons du pays de France*, p. 10.

[4] «*Bal chez Boulé*», paroles DOMISOL [pseud.], dans *la Bonne Chanson*, Septième Album, 1946, n° 340.

mélodie, le premier couplet et le refrain traditionnels tels que publiés par Ernest Gagnon[5] mais il a recomposé entièrement les autres couplets, de sorte que bien des artistes s'y laissent prendre, et ils chantent la version Domisol au lieu de la traditionnelle. Si la version Gadbois était supérieure… mais elle se veut plus populaire que le peuple. Au demeurant, Gadbois qui était un éditeur commerçant ne saurait être considéré comme un folkloriste. Il a joué le rôle d'arrangeur des paroles de quelques chansons folkloriques, imitant en cela l'abbé Burque dont il a d'ailleurs reproduit plusieurs textes édulcorés. Ce sont les Maurice Donnay et les Maurice Bouchor du Québec. Il y a toujours eu de ces fabricants de faux naïf, de faux populaire comme il y a toujours eu des gens pour se laisser tromper par eux. Et cela devient grave quand leurs recueils sont approuvés et largement diffusés dans les écoles.

Ce n'est pas une raison parce qu'on a trouvé des supercheries et des erreurs qu'il faille conclure que toutes les chansons recueillies sont littéraires. Pierre Kohler[6] rappelle d'après Alfred Götze qu'en 1909 « Hoffman von Fallersleben, Prahl et John Meier, avaient déterminé dans le répertoire populaire [allemand] au moins 1700 chansons d'origine littéraire »… Sur une dizaine de mille chansons, ce pourcentage n'est pas bien alarmant. Cette préoccupation en est une d'épuration essentielle à la purification du répertoire folklorique au point de vue de l'authenticité. En français, si nous pouvons en dénombrer entre mille à deux mille d'origine littéraire, ce sera un bon pourcentage, il nous restera toujours cinq à six mille chansons types vraiment folkloriques.

Pour ce qui est de la question d'origine des chansons folkloriques, nous ne voulons appuyer ni les partisans de l'origine littéraire, ni ceux de la naissance spontanée au sein des masses. Il y a là, à notre avis, un point d'interrogation qui n'a pas encore reçu de réponse véritable pour l'ensemble du répertoire. L'étude plus approfondie des catégories et des groupes va, espérons-nous, nous faire découvrir leur origine avec plus de certitude, mais pour le moment, il est préférable de réserver notre jugement qui ne serait qu'une théorie non moins vulnérable que les autres.

---

[5] *Chansons populaires du Canada…*, 1880, p. 116.

[6] « Le problème de la poésie populaire », dans *Mélanges d'histoire littéraire générale et comparée offerts à Ferdinand Baldensperger*, Paris, 1930, vol. II, p. 17.

Les chansons de cette catégorie ne mériteraient pas d'être classées, mais pour la commcdité des chercheurs désireux d'identifier une chanson donnée comme folklorique, il est bon d'établir une liste de ces chansons littéraires. Son classement peut se présenter d'une façon très simple : l'ordre alphabétique des auteurs, des titres et des incipit.

Considérations sur le refrain

Le mot *refrain* comme celui de *couplet* en est un qui a d'abord servi à la poésie populaire avant d'être retenu par les lettrés. Il est si connu qu'on a de la peine à en saisir toutes les limites.

Étymologiquement (venant de *refrait*, de *refraindre*, du latin populaire : *refrangere*), il signifierait brisé, une coupure et, selon Verrier, un fragment. Cependant Elwert, le théoricien de la versification, considère le refrain comme un lien entre les strophes. Kastner nous apprend que « quelques lexicographes le tirent directement de l'espagnol *refran* qui veut dire adage, proverbe ». Si on ajoute l'idée de reprise des mêmes paroles à chaque couplet, nous nous trouvons devant quatre notions différentes mais qui ne sont pas aussi contradictoires qu'elles le paraissent à première vue.

Des refrains comme

> Ah ! qu'il est malaisé
> D'être amoureux et sage

ou

> Il y a longtemps que je t'aime
> Jamais je ne t'oublierai

ont bien l'allure d'adages populaires repris à chaque strophe. Les reprises des mêmes termes du refrain peuvent aussi bien constituer un lien entre les strophes qu'une rupture de sens avec celui du scénario. La mélodie du refrain par son changement de rythme peut constituer aussi une brisure.

Il y aurait encore beaucoup à observer et à dire sur le refrain populaire. Toute sa complexité apparaît lorsqu'on veut le définir ou lorsqu'il s'agit de le classer. Une classification des refrains peut se faire mais sous différents principes, selon qu'on veut les diviser soit d'après la forme, soit d'après le sens, soit d'après ses rapports avec la mélodie, etc.

I. D'après la forme, le refrain se subdivise en trois groupes:

1° Le refrain peut constituer avec le couplet une structure strophique. Ce que nous avons vu dans les chansons en laisse. Ces deux éléments doivent donc être étudiés conjointement dans leur rapport avec la formule strophique. Exemple:

> Quand j'étais chez mon père, *Gai, vive le roi!* (*bis*)
> Petite Jeanneton
> *Vive le roi de la reine*
> Petite Jeanneton
> *Vive Napoléon!*[7]

2° Le refrain ne fait pas partie de la strophe mais forme à lui seul une seconde strophe plus ou moins longue d'un vers, d'un distique, d'un tercet, etc. Exemple:

> Par derrier' chez ma tante, lui ya-t-un bois joli;
> Le rossignol y chante et le jour et la nuit.
> *Gai lon la, gai le rosier*
> *Du joli mois de mai.*[8]

Les deux premières formes de refrain peuvent se retrouver dans la même chanson comme nous l'avons vu déjà pour une version des *Trois Cavaliers fort bien montés.*

> M'en revenant *vive ma moutonne*   } *bis*
> D'chez l'boulanger *toque mon bélier*
> Dans mon chemin j'ai rencontré
> *Pinte ou chopine*
> *Demiard ou roquille.*
> *Racotillez-vous!*

---

[7] GAGNON, *Chansons populaires du Canada...*, p. 76
[8] *Ibid.*, p. 40

Oh!
J'en tire la couvarte, varte   } *bis*
J'en tire la couvarte aux pieds.[9]

3° Le refrain peut être précédé d'un vers signal, c'est-à-dire un vers d'une syllabe ou plus qui sépare les deux formes. Comme dans l'exemple précédent le *Oh!* Ce vers signal est beaucoup plus senti par la mélodie que par les paroles. Verrier en parle longuement[10].

II. D'après le sens, le refrain peut se diviser en trois groupes:

1° Les refrains qui renforcent le sens de la chanson, par exemple pour le *Petit Mari*:

> *Mon Dieu, quel homme quel petit homme*
> *Mon Dieu, quel homme, qu'il est petit.*[11]

2° Les refrains qui ont un sens indépendant de celui du scénario, par exemple *Branlons-là la bouteille* pour *la Fille au cresson*. L'indépendance du refrain lui permet une constante renaissance. Et selon François Brassard « les chansons se sont ingénieusement multipliées par simple renouvellement du refrain[12] ».

3° Les refrains onomatopéiques. Certains savants se sont appliqués à retrouver un sens aux onomatopées, ce sont Charles Nodier, Georges Kastner et Jérôme Bujeaud[13].

III. Il nous semble que le refrain a beaucoup plus de rapport avec la mélodie que tout le reste de la chanson. Nous laissons aux musiciens le soin de déterminer dans quelle mesure la mélodie est rattachée au refrain et de constater s'il y a prolongement ou changement de rythme entre le couplet et le refrain.

---

[9] Archives de folklore, Coll. Conrad Laforte, enreg. n° 715.
[10] Paul VERRIER, *le Vers français...*, vol. I, p. 83-101.
[11] TERRY-CHAUMONT, *Recueil d'airs de cramignons et de chansons populaires à Liège*, p. 132.
[12] « Refrains canadiens de chansons de France », dans *les Archives de folklore*, vol. I, 1946, p. 41-59, musique.
[13] Voir Bibliographie.

Pour l'étude linguistique et phonétique, les refrains peuvent être considérés comme des chansons brèves où foisonnent toutes les techniques de la stylistique populaire : l'allitération, l'alternance des sons, les onomatopées, les répétitions, les constructions en parallèle, etc.

CONCLUSION

Au départ, cet exposé se voulant une classification axée principalement sur les structures poétiques des chansons traditionnelles a fait émer-
ger des systèmes poétiques qui montrent bien que chaque catégorie est
régie par des lois, des techniques poétiques particulières qui probablement
correspondent à des coutumes, des cultures, des civilisations différentes et
souvent disparues. Cependant sans développer d'une façon exhaustive ces
poétiques, nous nous sommes contenté de les faire surgir et d'en donner
une initiation, une introduction dans le but de faire démarrer des études
plus approfondies sur chaque catégorie et sur chaque groupe.

La chanson en laisse, par exemple, présente une versification des plus
complexes. Elle contient une laisse qui se chante dans de multiples formules strophiques. Les poètes lettrés n'ont jamais pu comprendre vraiment
ses lois qui sont antérieures à la Renaissance et, par conséquent, aux
théoriciens de l'art poétique (lettré), Vauquelin de la Fresnaye et Boileau.
On qualifie souvent la chanson en laisse de fruste, de primitive à cause des
répétitions qu'exige la forme rondeau. Mais n'y a-t-il pas là un principe
admirable et essentiel à la participation du public? Cet art puissant s'est si
bien gravé dans la mémoire du peuple que cinq siècles n'ont pu l'effacer,
malgré la disparition des coutumes qui le propageaient. Ces chansons d'un
âge aussi respectable n'ont pas vieilli. Nous nous rappellerons toujours la
réponse d'un de nos informateurs à qui nous avions demandé de vieilles

chansons. Il nous offrait des compositions de Pierre Dupont, de Théodore Botrel, de Tino Rossi, etc. Nous essayions donc de lui expliquer que ce n'était pas ce genre que nous recherchions mais des chansons plus anciennes comme des variantes d'*À la claire fontaine*, des *Trois Beaux Canards*, de *la Fille au cresson*, etc. — « Mais, répond-il aussitôt, ce ne sont pas des vieilles chansons celles-là: nous les chantons encore avec goût[1]. »

Il affirmait ainsi qu'elles n'avaient pas vieilli comme les chansons des chansonniers d'il y a vingt, cinquante ou cent ans. Si les chansons en laisse sont les restes d'une culture, les chansons strophiques à forme fixe sont aussi ceux d'une autre culture puisqu'elles utilisent des techniques différentes. Des chansons comme *Jean Renaud, la Fille du roi Loys*, etc., avec leurs quatrains à rimes plates sont d'une versification moins souple et plus rigide. Elles ont une technique qui se rapproche plus de celle des poètes lettrés. Aussi est-il curieux de constater que ce sont les chansons de cette catégorie qui présentent le plus de contaminations. Le peuple les a écornées couramment et, par conséquent, leur métrique est difficile à reconnaître. Cependant, même ébréchées, ces formules strophiques à forme fixe, qu'elles soient isométriques ou hétérométriques, constituent de petits cadres bien définis par une technique propre et différente de celle de la forme rondeau de la chanson en laisse, et qui doit correspondre à des moeurs et des coutumes particulières. Il en va de même pour la chanson en dialogue, elle se rattache à des coutumes, des modes de vie policés qui consistaient à se réunir dans des salons pour écouter deux personnes dialoguer. Ce genre, l'embryon du théâtre, a connu une grande vogue au XVIIe siècle. Les interlocuteurs n'étaient pas uniquement un berger et une bergère mais aussi bien la fille et la mère, la femme et le mari, des personnages abstraits, etc. Même les cantiques ont sacrifié à cette mode. Une étude complète des dialogues dans les chansons populaires et littéraires pourrait se faire parallèlement.

Les chansons en dialogue et généralement celles de la deuxième catégorie sont faites pour des auditeurs plus ou moins passifs tandis que les chansons énumératives comme celles en laisse demandent la participation de l'assistance: les informateurs les nomment souvent « chansons à répon-

---

[1] Nous citons de mémoire les paroles de M. Joseph Asselin, informateur que M. Russell Scott Young et nous-même interrogions en 1954 à Saint-Charles de Bellechasse.

dre ». Ce sont des chansons vraiment sociales qui ont servi à des groupes pour rythmer ou coordonner des danses, des marches, des jeux, des travaux et qui sait si elles n'ont pas servi à des rites antiques ?

Nous sommes convaincu que la connaissance approfondie de la technique de l'énumération populaire est de nature à enrichir notre culture de lettrés, car les procédés d'énumération populaire gagneraient à être confrontés avec ceux des écrivains. Les chansons populaires de cette catégorie n'ont aucune prétention : ce sont de petites énumérations de choses, souvent sans aucune recherche, qui s'enchaînent si naturellement que les enquêteurs les ont souvent jugées trop primitives ou trop grivoises. Mais leur ancienneté et leur survivance devraient leur conférer une certaine auréole capable de dissiper toute répugnance à l'égard de ces petites rabelaiseries bien inoffensives.

En outre, les lettrés auraient intérêt à regarder de moins haut les chansons brèves. Ce ne sont pas toujours des chansons dégénérées ou fragmentaires. Même si un bon nombre d'entre elles sont des rondes enfantines, même si leur nature demande peu de développement, elles méritent notre attention ; car ces humbles manifestations de poésie populaire ont toutefois une certaine valeur esthétique et stable. Malgré leur apparence moderne, elles ont souvent plus d'un siècle d'existence.

Il n'en est pas de même des paroles des chansons faites sur des timbres qui sont naturellement postérieures aux mélodies. L'étude des timbres, à première vue, semble plutôt la préoccupation ou l'orientation d'une recherche du point de vue musical. En pratique, le regroupement des timbres constitue vraiment une catégorie qui se subdivise en plusieurs genres : les parodies et vaudevilles, les chansons historiques, locales, politiques, électorales, les cantiques, etc. Mais la septième catégorie groupe des chansons franchement littéraires qui furent prises pour des chansons folkloriques. L'étude de cette fausse catégorie a pour but d'éliminer du répertoire folklorique les chansons qui ne le sont pas. Ce dépistage essentiel tient lieu de critique et nous assure un répertoire authentique.

Chacune de ces sept catégories délimite donc parmi les chansons folkloriques un champ de recherche bien précis. Elles groupent des chansons qui possèdent des caractéristiques communes et qui sont produites selon des techniques poétiques particulières. Aussi déplorons-nous que les premiers qui se sont intéressés à la chanson populaire aient trop mis l'accent sur les variantes plutôt que sur les constantes. Gérard de Nerval, avec la meilleure intention du monde, se plaignait qu'on ne voulut pas admettre ces « vers composés sans souci de la rime, de la prosodie et de la syntaxe[2] ».

À la suite de Nerval, trop de folkloristes et de gens de lettres ont répété et répètent encore ces phrases si commodes qui dispensent de toute étude sérieuse. Puisque la chanson populaire n'obéit à aucune loi, on ne peut que l'étudier à la manière de certains archéologues qui n'admirent dans les oeuvres d'art ancien que la patine du temps. Nous ne pouvons plus admettre, pas plus que la génération spontanée, une sorte d'art empirique, pratiqué d'instinct, se développant au hasard et sans loi. Qui dit art, dit norme et technique avec le désir de s'y conformer. Une poétique est essentielle à toute poésie qu'elle soit orale ou écrite.

Toute version de chanson populaire est un document folklorique comportant des constantes et des variantes, ou transformations. Puisqu'on a d'abord étudié ces dernières, il paraît urgent de s'intéresser maintenant aux constantes, qui se découvrent seulement par l'étude comparée des versions d'une même chanson, des chansons d'un même groupe et des groupes d'une même catégorie. Notre classification fait ressortir assez clairement l'existence des constantes entre les groupes d'une catégorie, entre les chansons des groupes, entre les versions d'une même chanson. Autrement, aucune classification n'aurait été possible. Cependant, les lois dégagées d'un groupe ne sont pas nécessairement celles de tous les autres groupes. Il faut donc nuancer nos énoncés pour ne pas donner prise à la contradiction.

La méthode d'étude comparée a été introduite par les romanistes et les philologues. Mais ce qui était très valable pour les textes critiques d'un auteur s'est révélé insuffisant pour des oeuvres anonymes et multiformes comme les chansons populaires. Il faut assouplir ces études comparées par les méthodes statistiques, évitant le plus possible les versions dites critiques. La version esthétique peut paraître souhaitable mais en réalité elle n'est pas satisfaisante, car tous les éléments des versions sont rarement superposables. Les statistiques présentent d'autres dangers. La recherche

---

[2] « Chansons et légendes du Valois », dans *Oeuvres,* vol I. p. 274.

des constantes est de première importance, mais il ne faut jamais perdre de vue ce que Coirault appelle la multiformité de la chanson à tous les niveaux, c'est-à-dire que des variantes peuvent se trouver aussi bien au niveau du vocabulaire, de la versification, du scénario et de la structure, etc.; par conséquent, toutes les variantes sont valables et aucune ne doit être rejetée d'emblée. Le principe de l'auteur unique et d'un texte unique à l'origine a entraîné l'incompréhension et la négation de la chanson populaire.

Les nouveaux critères nous amènent à l'étude critique des textes authentiques et non à un texte critique. De même que dans l'appréciation de la littérature classique et de la littérature romantique, des critères différents doivent être utilisés, la littérature orale a ses propres techniques poétiques, comme le démontre notre classification, et ses techniques sont différentes pour chaque catégorie et pour chaque groupe. Si nous les examinons ainsi, nous ne tarderons pas à en découvrir les beautés et les valeurs esthétiques qui ne se révèlent vraiment qu'à la suite d'études comparées. La poésie populaire est une littérature consacrée par le temps. Le peuple nous l'a conservée et transmise encore tout imprégnée des éléments de plusieurs cultures, de plusieurs modes et de plusieurs civilisations. Mettre ces milliers de poésies de côté, ce serait se priver d'un apport important de notre civilisation et abolir un héritage culturel incontestable que nous avons en commun avec toute la francophonie, comme la langue et une certaine vision du monde. La chanson folklorique est un lien entre les Français de tous les pays et de toutes les époques. Ces chansons n'ont pas vieilli, elles plaisent encore aujourd'hui. Peut-on expliquer autrement leur succès auprès des masses et des jeunes ?

Nous ne sommes pas le premier à admirer la beauté de la chanson populaire. Sainte-Beuve, le célèbre critique littéraire, la considérait comme « un écho de notre âge d'or gaulois[3] ». Sans parler de l'admiration sans borne que lui prodiguaient les romantiques, sans souligner l'appréciation de Montaigne, de Molière et de bien d'autres, nous voulons citer l'admirable paragraphe du célèbre historien, Henri Davenson, qui résume tous les autres et exprime exactement nos idées à l'égard de la chanson folklorique :

---

[3] *Nouveaux Lundis*, vol. IV, p. 132.

Des chefs-d'oeuvre, et j'ai dit plus, des classiques. C'est-à-dire des valeurs authentiques et stables, sinon « éternelles », du moins soustraites au caprice changeant de la mode, des oeuvres simples et fortes, capables de s'imposer à la méditation de l'artiste comme des modèles, comme une incitation à la création nouvelle[4].

Cette appréciation que Davenson a dégagée de son anthologie, nous semble encore plus vraie à la suite de notre exposé des poétiques : car de cette vue d'ensemble acquise par l'inventaire de plus de soixante mille textes de chansons populaires, nous croyons avoir tiré une synthèse qui nous paraît cohérente, facile à assimiler, utile et essentielle pour en relancer l'étude et pour redonner à cette Cendrillon sa vraie place au salon de la littérature. Avec le philologue Charles Bruneau nous n'hésitons pas à affirmer :

Nous sommes persuadés que les chansons populaires n'ont rien à perdre à être étudiées systématiquement et à être replacées dans l'histoire de la littérature française[5].

C'est une idée qui avait germé chez Gérard de Nerval et qui est aussi celle de l'historien Henri Marrou qui souhaite « l'intégration de la chanson populaire à la culture française[6] ».

L'intégration à la littérature certes, mais non de celle qui consiste à ranger les chansons folkloriques dans des catégories déjà existantes pour enfin les mettre aux oubliettes. L'histoire de la littérature doit lui ouvrir ses pages pour lui donner au moins l'importance d'une école littéraire, comme la renaissance, le classicisme, le romantisme, etc. Cette littérature populaire, anonyme mérite un vaste chapitre intéressant toutes les écoles. Sa vitalité ne s'est jamais vraiment éteinte depuis le Moyen Âge et n'est pas prête de le faire si l'on considère la faveur que lui accordent les jeunes. Aussi nous plaît-il de finir par un refrain populaire remanié par Jean Richepin :

C'est toujours la vieille, la vieille, la vieille,
Qui aura toujours quinze ans[7].

---

[4] [Pseud. de Henri-Irénée MARROU], *le Livre des chansons...*, p. 23.

[5] *La Chanson populaire Lorraine*, p. 3.

[6] Henri DAVENSON, *op. cit.*, p. 11.

[7] « Contes et chansons populaires des pays de France », dans *Journal de l'Université des annales*, 12ᵉ année, n° 1, 15 décembre 1917, p. 23.

BIBLIOGRAPHIE

SIGLES EMPLOYÉS

AF: Archives de folklore, Université Laval (Québec).
BM: Bibliothèque municipale de Montréal.
Fl: Phonothèque nationale (Paris).
MATP: Musée des arts et traditions populaires (Paris).
MN: Musée national du Canada (Ottawa).

ABRÉVIATIONS EMPLOYÉES

accomp.	accompagnement	Ms. (ms.)	manuscrit
augm.	augmenté	n°	numéro
cm	centimètre	nouv.	nouvelle
corr.	corrigé	p.	page ou pages
coll.	collection	pl.	planche
dépl.	dépliant	portr.	portrait
éd.	édition	pseud.	pseudonyme
enreg.	enregistrement	rev.	revue
front.	frontispice	s.d.	sans date
ill.	illustration	vol.	volume

SOURCES

Le Catalogue de la chanson folklorique française, Archives de folklore, Université Laval, 1953 — en cours, 87 000 fiches manuscrites, 10 x 15 cm, dactylographiées et classées par ordre alphabétique des titres communs, sauf 10 000 fiches de références aux chansons en laisse qui sont classées par ordre des formes prosodiques.

Ce catalogue veut faire référence à toutes les chansons folkloriques contenues dans les collections d'enregistrements sonores, les collections manuscrites et les imprimés de toute la francophonie.

Nous en avons déjà publié les titres communs et les renvois en 1958.

Conrad LAFORTE. *Catalogue de la chanson folklorique française.* Préf. de Luc Lacourcière. Québec, Les Presses de l'université Laval, 1958, XXIX - 397p., 28cm. (Publications des Archives de folklore, université Laval). Tirage: 125 exemplaires.

——Supplément. 1964, 274p., 28cm. Tirage: 3 exemplaires dactylographiés à l'usage exclusif des Archives de folklore. Une réédition est en préparation.

N.B. Dans la préface au *Catalogue de la chanson folklorique française* (p. VII), M. Luc Lacourcière en précise l'origine. « Quoi qu'il en soit, nous avons commencé dès 1945 à constituer un classeur de toutes les variantes canadiennes imprimées ou manuscrites de chansons populaires. Madame Gisèle Blouin-Gendron nous a assisté dans ce travail pendant trois années au cours desquelles elle a fait plus de 5 000 résumés et analyses de chansons sur fiches avec un grand souci de perfection. Mais le problème de leur classification méthodique se posait toujours, et de façon d'autant plus aiguë que, les versions se multipliant, nous risquions de perdre la centaine.

C'est à ce point de nos recherches (en 1953) que M. Conrad Laforte bachelier en bibliothéconomie et en bibliographie de l'Université de Montréal, devenu archiviste et bibliothécaire des Archives de folklore, introduisit dans cette riche matière le principe d'unification qu'est le titre commun ou choisi, permettant de grouper ensemble les variantes soeurs d'une même chanson.»

COLLECTIONS D'ENREGISTREMENT SONORES CATALOGUÉES

Nous ne décrivons ici que celles que nous avons vues et inventoriées, sans mentionner les nombreuses autres dont nous ne connaissons que l'existence.

CANADA

Musée national du Canada (Ottawa): MN	chansons
Coll. Charles-Marius Barbeau (1916-1948)	3 200
(parmi les numéros MN-1 à 4667).	
M. Barbeau a fait les premiers enregistrements sonores de chansons folkloriques françaises en Amérique.	
Coll. Édouard-Zotique Massicotte (1917-1921)	1 372
(parmi les numéros MN-500 à 4059).	
Coll. Adélard Lambert (1922-1934)	367
(parmi les numéros MN-3250 à 3356 et 3638 à 3899*q*).	
Coll. Hélène Chevrier (1947)	6
(parmi les numéros MN-4668 à 4674).	
Coll. Marcel Rioux (1948-1955)	204
(parmi les numéros MN-4675 à 4822 et 7062 à 7119).	
Coll. Carmen Roy (1948-1960) en cours	1 607
(parmi les numéros MN-4823 à 5847; MN-6505 à 6788; MN-R-134 à 317-3193).	
Coll. Helen Creighton (1948-1958)	85
(parmi les numéros MN-5848 à 6504; MN-6883 à 7061; MN-R-12-123 à 201-379).	
Coll. Jules Tremblay (1920)	167
(parmi les numéros MN-4267 à 4291).	
Coll. Juliette Caron-Dupont	24
(parmi les numéros MN-9000 et 9023 *bis*).	

Coll. Kenneth Peacock (1959-1961)   68
   (parmi les numéros MN-PEA-130-904 à 199-1164).
Coll. Laura Boulton et Charles-Marius Barbeau (1941)   400
   (parmi les numéros MN-BO-1*a* à 235*c*)
Coll. R.P. Anselme Chiasson   884
   (parmi 946 numéros)

Archives de folklore, université Laval (Québec): AF

Nous ne signalons que les collections de cent chansons et plus: c'est-à-dire 35 collections sur 111, totalisant 18 000 chansons sur 27 000 enregistrements sonores originaux.

Coll. Luc Lacourcière (1942-1969)   2 137
   (4213 enregistrements)
Coll. Dominique Gauthier (1951-1960)   300
   (719 enregistrements)
Coll. Élizabeth Brandon (1953-1955)   120
Coll. Russell Scott Young (1953-1956)   727
Coll. Joseph-Octave Ducasse (1954)   120
Coll. Conrad Laforte (1954-1967)   443
   (1133 enregistrements)
Coll. François-Joseph Brassard (1955-1956)   60
   (et collaboration à la collection Luc Lacourcière)
Coll. Madeleine Doyon-Ferland (1956)   89
   (et collaboration à la collection Luc Lacourcière)
Coll. Simone Voyer (1956-1959)   145
   (396 enregistrements)
Coll. R. P. Anselme Chiasson (1957-1958)   259
Coll. Roger Matton et Félix-Antoine Savard (1957-1960)   293
Coll. Félix-Antoine Savard et Roger Matton (1957-1964)   113
Coll. Livain Cormier (1958)   113
Coll. Harry Oster (1958-1961)   327
Coll. Ludger Paquet (1958-1959)   150
Coll. Raoul Roy (1958-1964)   489
Coll. S. Catherine Jolicoeur (1959-1964)   427
   (879 enregistrements)
Coll. Clan Jacques Buteux (1960)   230
Coll. abbé Émile Descoteaux (1960-1962)   851
Coll. Jean-Claude Dupont (1961-1969)   155
   (480 enregistrements)
Coll. P. Jules Lord (1962-1965)   227
Coll. Jean Du Berger (1963)   100
Coll. Eddie Comeau (1964)   152
Coll. Normand Lafleur (1964-1966)   108
Coll. Michel Boucher (1965-1966)   161
Coll. Pierre Perrault (1965)
   (1309 enregistrements)   146
Coll. S. Denise Rodrigue et S. Lucille Bergeron (1965)   221
Coll. Thérèse La Tour (1966-1969)   166
Coll. Jean-Claude Marquis (1966-1969)   151
   (386 enregistrements)
Coll. Guy Martel (1966-1967)   126

Coll. André De Blois (1967)   165
Coll. Ida Deschamps (1967)   107
Coll. Jean-Pierre Pichette (1968)   123
Coll. Yolande Rhéaume (1968)   285
Coll. Musée National (1958-1962)   5 568
    (copies des enregistrements sonores faits par Marius Barbeau et ses collaborateurs)

Institut de folklore, Université de Sudbury (Ontario)

Coll. R. P. Germain Lemieux, s.j. (1945-1962)   2 481
Coll. abbé Lionel Bourassa (1949)   95

Université Saint-Joseph de Moncton (N.-B.)

Coll. Alfred-Antonin Pouinard, environ 5 heures d'enregistrements.
Coll. R.P. Anselme Chiasson, cap.   884
    (946 enregistrements aussi déposés au *Musée national du Canada*. Un double des 308 premiers
enregistrements sont aussi déposés aux Archives de folklore.

FRANCE

Phonothèque nationale (Paris): F1

Coll. Ferdinand Brunot et Charles Bruneau (1912)
    (F1-87 à F1-107) Les premiers enregistrements sonores de chansons folkloriques françaises en Europe et
dans le monde.

    Les collections de la Phonothèque nationale[1] comptent plusieurs milliers de chansons enregistrées dans
toutes les provinces de France et à l'étranger, mais nous n'avons vu que la collection Massignon, enre-
gistrée à Moncton et à Edmunston (Nouveau-Brunswick).

Coll. Geneviève Massignon (1946)   240
    (F1-3524 à F1-3764)

Musée des arts et traditions populaires (Paris): MATP

Coll. Ariane de Félice (1943-1946)
    MATP ms. 28.22 B.125. Enregistrements sur disque de Mlle Claudie Marcel-Dubois et de Mlle Maggie
Andral.

Collection privée (Paris)

Coll. Geneviève Massignon (1950-1954)   470
    12 rubans magnétiques enregistrés en Vendée, Charente-Maritime et Loire-Atlantique.

COLLECTIONS MANUSCRITES CATALOGUÉES

CANADA

Musée national du Canada (Ottawa)

Coll. Charles-Marius Barbeau   1 780

---

[1] *Collection Phonothèque nationale.* Paris, Unesco |1952| 254p., 23¹/₂cm. (Archives de la musique enregistrée, Série C, musique
ethnographique et folklorique, vol. I.)

Coll. Édouard-Zotique Massicotte	1 069
(aussi à la BM)	
Coll. Adélard Lambert	233
Coll. Joseph-Thomas LeBlanc	1 375
(aussi à l'Université Saint-Joseph de Moncton, N.-B.)	
Coll. R.P. Archange Godbout, o.f.m.	215
(aussi aux Archives de folklore)	
Coll. abbé Pierre-Paul Arsenault	129
Coll. Regina Schoolman et C. Slatkin	80

Le Musée national a aussi plusieurs autres petites collections de moins de cinquante chansons et aussi de nombreux cahiers manuscrits. On peut signaler:

Benjamin SULTE (1841-1923). *Chansons populaires 1858.*

Ce cahier appartient désormais à mon ami Charles-Marius Barbeau. |Signé| Benjamin Sulte, septembre 1917, 240p. ms. (et environ 50p. blanches et 6p. d'index), 37^1/2cm.

Ph.-Edmond MOUNT |Cahier sans titre|. Montréal, 1861-1867, 200p. ms. et 98p. ms.

Archives de folklore, Université Laval (Québec)

Les Archives de folklore possèdent de nombreuses collections manuscrites de moins de 50 chansons.

Coll. R. P. Archange Godbout, o.f.m. 215

Les Archives possèdent aussi de nombreux cahiers manuscrits de chansons. On peut souligner:

Louis HÉBERT (1849-1938). |Cahier manuscrit de chansons| attribué à Louis Hébert, élève du Séminaire de Québec vers 1865. Cahier retrouvé à Sainte-Émélie (Lotbinière, P.Q.), p. 13-240, 13 cm. La page de titre et les premières pages manquent.

Rose-Anna PAQUET. *Cahier de chansons* écrit par R.-A. Paquet,21 ans; commencé le 30 octobre 1898, à Saint-Roch de Québec; donné à Soeur Marie-Ursule, en août 1944, par Jeanne Sanschagrin, Charlesbourg, rang Saint-Joseph; et déposé aux Archives de folklore de l'université Laval en septembre 1944. Saint-Roch de Québec, 1898-1925, 152p. ms., 22^1/2cm.

Mlle Albertine GOSSELIN (1897-1966). |Cahier manuscrit de 137 chansons|, Saint-Anselme (Dorchester, P. Q.), *circa* 1925, 232p. ms., 23^1/2cm.

Archives du Séminaire de Québec

On y trouve des chansons éparses dans divers manuscrits et quelques recueils de chansons dont le plus important est celui de Mgr Thomas-Étienne Hamel, intitulé *Annales musicales du Petit-Cap*, et compilé entre 1865 et 1899. MS 3.

Bibliothèque municipale de Montréal

Coll. Édouard-Zotique Massicotte, BM 1 à 2418.

BM pour Bibliothèque municipale de Montréal, où il y a une copie de 2418 textes de chansons que Massicotte avait communiqués au Musée national du Canada, à la demande de Marius Barbeau. Ces textes ont été classés en 1956 par C. Laforte, selon l'ordre alphabétique des informateurs et de leur répertoire. Chaque chanson porte un numéro que nous citons comme suit BM 1 à 2418.

Université Saint-Joseph (Moncton, N.-B.)

Coll. Joseph-Thomas Leblanc 1 375

Des copies se trouvent au Musée national du Canada (Ottawa), à la Bibliothèque municipale de Montréal, et aux Archives de folklore.

Collection privée

Coll. François-Joseph Brassard (Jonquière)   413
    Paroles et musique

PARIS

Bibliothèque nationale (Paris)

> Nous ne signalons pas tous les manuscrits consultés (environ 100), non plus ceux publiés comme *le Manuscrit de Bayeux, le Chansonnier de Saint-Germain-des-Prés, les Chansons du XVᵉ siècle* (Ms Fr. 12744), etc.

Poésies populaires de la France. 6 vol. ms., 40cm.
    (Ms. Fonds français, nouvelles acquisitions 3338-3343).
Chansonnier dit de Maurepas. 42 vol. ms.
    (Ms. Fonds français, 12616-12657).
Chansonnier dit de Clairambault, 58 vol. ms.
    (Ms. Fonds français, 12686-12743).
Manuscrits Patrice Coirault (plus de 50)
    (Département de la musique, Rés. Vm. Coirault 1-94).

Bibliothèque de l'Arsenal (Paris)

Manuscrits Victor Smith. 33 vol. ms.
    (Ms. 6834-6866).

Musée des arts et traditions populaires (Paris)

Coll. Antonin Perbosc, 1861-1944. (MATP Ms. 49.69 B.70)
    (Chansons populaires recueillies en Tarn-et-Garonne et en Comberouger (Gascogne), 1897-1908. 415p. ms., 13 x 22cm. non reliées, mises dans des cartons. Environ 90 chansons à retenir. Déposé au MATP en 1949 par sa petite fille Suzanne Donnadieu.
Coll. Marie Droüart (MATP Ms. 44.395 B.20)
    Chansons populaires de la Haute-Bretagne à Liffré, 7 et 8 juillet 1944. 50 feuillets paginés 51-100, 22cm., musique. (Chantier 3.164) 50 chansons.
—— (MATP Ms. 46.188 B.41)
    32 chansons populaires de Haute-Bretagne à Liffré, janvier 1945. [73] feuillets paginés de 150-173. (Chantier 3.164)
—— (MATP Ms. 45.214 B.42)
    15 chansons populaires de Bretagne, suivies de 6 airs de danse et de folklore poitevin. Février-mars 1945 au camp Margueritte de Rennes. [73]p. paginées 84-106. Ms. 22cm., musique (Chantier 3.164).
—— (MATP Ms. 45.385 B.49)
    Chansons populaires de Haute-Bretagne. Cahier 20, novembre 1945. 48 feuillets numérotés de 482 à 532, 22cm., musique (Chantier 3.164).
Coll. R. M. Lacuve (MATP Ms. 60.122 et 123 B.134)
    Airs populaires du Poitou, recueillis par R. M. Lacuve, instituteur à Saint-Marc-la-Lande (Deux-Sèvres). Remis au Dr Henri Ellenberges par Mˡˡᵉ Lacuve, directrice d'école à Pleumartin (Vienne) en 1938. Musique notée par Mʳ Guillot, instituteur adjoint à Mazières en Gâtme (Deux-Sèvres). 2 vol. ms., 22cm., musique dans le 2ᵉ vol. ms.

Coll. Brun, F. C. Pépin, Guy-Pison (MATP Ms. B.1) MATP 43.42 B.1 357-373
Folklore du Romenay et d'Uchizy (S. & L.) 28 chansons à retenir. 40 autres ms. contiennent plus de 100 chansons.

Collection privée

Coll. Charles Joisten (Grenoble).   31
Paroles et musique.

Belgique (Wallonnie)

Coll. privée de Roger Pinon (Liège)   46
(la collection comprendrait plus de 1 000 chansons).

Italie

Biblioteca Governativa di Lucca (Toscane).

Manuscrit dit de Lucques (entre 1567 et 1577).
(Ms. 2022).

Imprimés catalogués

La bibliographie qui se trouve au début du *Catalogue de la chanson folklorique française* sur fiches compte neuf mille références. Nous nous contenterons d'en extraire les sources c'est-à-dire les ouvrages bibliographiques qui nous ont le plus servi à l'établir.

Pour le Canada

Luc Lacourcière. *Bibliographie raisonnée du folklore français d'Amérique.* Manuscrit.

Pour la France

Arnold Van Gennep. *Manuel de folklore français contemporain.* Paris, Picard, 1938, tome IV, p. 768-812, n°s 4651-5044.

Pour la France et les autres pays de langue française

Patrice Coirault. *Notre chanson folklorique.* Paris, A. Picard, 1941, p. 405-423, bibliographie sélective et critique.
—— *Formation de nos chansons folkloriques.* [Paris], Éd. du Scarabée, 1953-1963, 567p., musique, index, p. 521-565.
—— *Catalogue de la bibliothèque Coirault* à la Bibliothèque nationale de Paris, Département de la musique. Manuscrit sur fiches dans la salle de consultation.
Jean-Baptiste Weckerlin. *Catalogue de la bibliothèque Weckerlin,* à la Bibliothèque nationale de Paris, Département de la musique. Manuscrit sur fiches dans la salle de consultation.

POUR LA BELGIQUE

Albert LIBIEZ et Roger PINON. *Chansons populaires de l'Ancien Hainaut... Notes.* Bruxelles, 1951, vol. III, p. 4-8 (Commission de la vieille chanson populaire).
Roger PINON, *Bibliographie manuscrite pour la Wallonnie.*

POUR LA SUISSE

Arthur ROSSAT. *La Chanson populaire de la Suisse Romande.* Bâle, etc. 1917, p. V-VIII.
—— *Les Chansons populaires recueillies dans la Suisse Romande...* Bâle, Société Suisse des traditions populaires [etc.], 1917-1931, 3 vol., musique, 25cm. (Publications de la Société Suisse des traditions populaires.) Les deux derniers volumes sont publiés par Edgar Piguet.

INTERNATIONAL

Bibliographie internationale des arts et traditions populaires. Bâle [Suisse], 1917-   , en cours. Voir XVI. *Poésie populaire. 3, Domaine linguistique français et provençal, y compris le français hors d'Europe.*

OUVRAGES CITÉS DANS NOTRE ÉTUDE

AARNE, Antti Amatus, 1867-1925 et Stith THOMPSON (1885-   ). *The Type of the Folklore.* A classification and bibliography... Second revision. Helsinki, 1961, 588p., 24cm. (FF Communications, n° 184).
ALLAIRE, Uldéric-S. (1907-   ). *Le Chansonnier canadien...* 2ᵉ éd., Montréal, Beauchemin, 1936, 174p., musique, 27cm. (Bibliothèque canadienne, Coll. Lévis, n° 902). Copyright 1931.
ALLIER, Achille (1808[?]-1836), *L'Ancien Bourbonnais...* Moulins, Impr. de P.-A. Desrosiers, 1838, vol. II (284p.), ill., 47¹/₂cm.
AMADES, Joan (1890-   ). *Folklore de Catalunya...,* Barcelone, Éd. Selecta [1951], vol. II, musique, 20¹/₂cm.
[AMPÈRE, Jean-Jacques-Antoine] (1800-1864) *Instructions relatives aux poésies populaires de la France.* Paris, Imprimerie Impériale, 1853, 64p., musique, 23¹/₂cm. (Ministère de l'Instruction publique et des Cultes.) Paru aussi dans *Bulletin du Comité de la langue, de l'histoire et des arts de la France.* Paris, Imprimerie Impériale, 1854, vol. I, p. 217-279, musique.
ARNAUDIN, Félix. *Chants populaires de la Grande-Lande et des régions voisines...* Paris, Champion [1912] LXXXVI–521p., musique, 19cm.
AUBÉ, Raoul. «Harmonie imitative», dans *la Tradition*, Paris, vol. VIII, 1895, p. 232-233. Extrait de *l'Intermédiaire des chercheurs.*
BALLARD, J.-Baptiste-Christophe (1640[?]-1750). *La Clef des chansonniers* ou, Recueil de vaudevilles depuis cent ans & plus notez et recueillis pour la première fois... Paris, 1717, 2 vol., musique, 16cm.
BARBEAU, Charles-Marius (1883-1969). *Alouette!* Nouveau recueil de chansons populaires avec mélodies, choisies dans le répertoire du Musée national du Canada. Montréal, les Éd. Lumen [1964] 216p., musique, 19cm. (Collection Humanitas).
——. «The Ermatinger Collection of Voyageur Songs» (Ca. 1830), dans *Journal of American Folklore*, vol. LXVII, n° 264, avril-juin 1954, p. 147-161, musique.
——. *Québec où survit l'ancienne France.* Québec, Garneau [1937], 175p., 22cm., musique.
——. *Romancéro du Canada.* [Montréal] Beauchemin, 1937, 251p., musique, 24¹/₂cm.
——. «Trois beaux canards» (92 versions canadiennes), dans *les Archives de folklore*, publications de l'université Laval, Montréal, Fides, 1947, vol. II, p. 97-138, musique.
BARBIER, Pierre et France VERNILLAT. *Histoire de France par les chansons.* Paris, Gallimard, 1956-1961, 8 vol., musique, 22cm.

BARTSCH, Karl Friedrich (1832-1888). *Romances et Pastourelles françaises des XIIe et XIIIe siècles.* Leipzig, Vogel, 1870, XVI–400p., 18cm.

BASSELIN, Olivier (XVe siècle). *Vaux-de-Vire* d'Olivier Basselin et de Jean Le Roux, suivis d'un choix d'anciens Vaux-de-Vire et d'anciennes chansons normandes tirés des manuscrits et des imprimés avec une notice préliminaire et des notes philologiques par A. Asselin, L. Dubois, Pluquet, Julien Travers et Charles Nodier. Nouvelle édition revue et publiée par P.-L. JACOB [pseud. de Paul LACROIX], Paris, Garnier [1858] XXXVI–288p., 18cm.

BEAUREPAIRE-FROMENT, Paul DE (1872-1914). *Bibliographie des chants populaires français,* 3e éd. revue et augm., avec une Introduction sur la chanson populaire. Paris, Rouart, Lerollle et Cie [1910] XCIII–186p., 18¹/₂cm.

BODMER, Emil. *Empros oder Anzählreime der französischen Schweiz.* Thèse de Zurich. Halle, a.d. Saale, Karras, Kröber u. Nietschmann, 1923, LIX–113p., in-8°.

BOUDREAU, R. P. Daniel. Voir CHIASSON, R. P. Anselme.

BRASSARD, François. « Refrains canadiens de chansons de France », dans *les Archives de folklore,* vol. I, 1946, p. 41-59, musique.

BRUNEAU, Charles (1883-   ). *La Chanson populaire Lorraine.* Nancy, Édition du Pays Lorrain, 1931, 32p., 25cm., musique.

BUJEAUD, Jérôme. « Refrains des chansons populaires », dans *Courrier littéraire.* Paris, 2e année, n° 6, 25 mai 1877, p. 256-263.

Bulletin du Comité de la langue, de l'histoire et des arts de la France. Voir Ministère de l'Instruction publique et des Cultes, Paris.

Cantiques de Marseille. Voir DURANT, Laurent.

[CAPELLE, Pierre], 1772-1843 (ou 1821). *La Clé du Caveau* à l'usage de tous les chansonniers français, des amateurs, auteurs, acteurs du vaudeville, et de tous les Amis de la chanson… Contenant 2030 airs, rondes, chants… Précédé d'une *Table alphabétique des timbres,* et suivie de plusieurs autres tables renfermant l'Ordre des coupes pour chaque genre, par P. C. 3e éd. À Paris, chez Janet et Cotelle [1810], VII–222p., 500 pl. de musique (2030 mélodies), 14 x 22cm. oblong.

CHAMPFLEURY [Jean Husson, dit Fleury ou] (1821-1889). *Chansons populaires des Provinces de France.* Notices par Champfleury, accompagnement de piano par J. B. Weckerlin. Paris, Bourdilliat et Cie, 1860 [4] + XXVII–223p. ill., musique, 27cm.

Chansonnier bachique, Le. Paris, chez F. Louis [vers 1810] XII–204p., 14cm.

Chansonnier des Collèges, Le. 2e éd. rev. et augm. *Supplément.* [Québec, Au Bureau de l'Abeille, 1854] 104p., 13cm. [C.-H. Cauchon-Laverdière, éditeur].

Chante rossignolet, illustration de Madeleine Fortin. [Québec] [Tremblay et Dion, 1951], 64p., 13 x 17cm., ill. (col.), musique [Le Comité de la Survivance française en Amérique].

CHARDAVOINE, Iehan. *Le Recueil des plus belles et excellentes chansons en forme de voix de ville…* Paris, Claude Micard, 1576 [16]p.+281p. [paginé seulement au recto], musique, 12cm.

CHAUMONT, Léopold. Voir TERRY, Léonard.

CHIASSON, R. P. Anselme et R. P. Daniel BOUDREAU. *Chansons d'Acadie.* Pointe-aux-Trembles (Montréal), La Réparation [1942-1972], 4 vol., musique, ill. (col.), 28cm.

CLAIRAMBAULT, Pierre DE (1651-1740). *Chansons françaises avec musique notée* (Chansonnier Clairambault) XIIIe siècle. Ms. sur parchemin. (Paris, Bibliothèque nationale, Ms. fonds français, nouvelles acquisitions 1050).

——. *Chansonnier dit de Clairambault,* recueil de chansons historiques, critiques et chronologiques avec des notes sur différents événements arrivés depuis 1549 jusqu'en 1781. 58 vol. ms. (Paris, Bibliothèque nationale, Ms. fonds français, 12686-12743).

COIRAULT, Patrice (1875-1959). « Chansons énumératives et randonnées », dans *Formation de nos chansons folkloriques.* [Paris], Éd. du Scarabée, 1959, p. 389-486, musique.

——. *Formation de nos chansons folkloriques.* [Paris] Éd. du Scarabée, 1953-1963, 567p., musique, 28cm. Index, p. 521-565.

——. *Notre chanson folklorique*. Paris, A. Picard, 1941, 467p., pl. (musique), 24¹/₂cm. Bibliographie sélective et critique, p. 405-423. Index, p. 425-459.

——. « Quelques exemples de la parenté que montrent des timbres populaires aux XVII⁰ et XVIII⁰ siècles avec certaines de nos mélodies folkloriques», dans *Bulletin folklorique d'Ile-de-France*. Paris, 23⁰ année, 3⁰ série, n° 10, avril-juin 1960, p. 299-309, musique.

——. *Recherches sur notre ancienne chanson populaire traditionnelle*. Exposés I-V. Paris, E. Droz, 1927-1933, 685p., musique, 25cm.

[COLLÉ, Charles], 1709-1783. *Théâtre de société*. Nouv. éd. rev. corr. et augm. Paris, P. F. Gueffier, 1777, 3 vol., 17¹/₂cm., musique.

Comédie de chansons, La. Paris, Toussaint Quinet, 1640. Dans VIOLET-LEDUC, *l'Ancien théâtre français*, Paris, P. Jannet, 1854, vol. IX, p. [99]–229 (Bibliothèque Elzévirienne); aussi dans Édouard FOURNIER, *le Théâtre français au XVIᵉ et au XVIIᵉ siècles...*, 2ᵉ éd., Paris, Laplace, Sanchez et Cie [1871[, p. 458-493.

DAVENSON, Henri (pseud. de Henri-Irénée MARROU). *Le Livre des chansons*, ou Introduction à la connaissance de la chanson populaire française : S'ensuivent cent trente-neuf belles chansons anciennes choisies et commentées... Neuchâtel, Éd. de la Baconnière [1946], 589p., musique, 18¹/₂cm. (Collection des Cahiers du Rhône).

D'HARCOURT, Marguerite Béclard. Voir HARCOURT, Marguerite Béclard D'.

DONCIEUX, George (1856-1903). *Le Romancéro populaire de la France* : Choix de chansons populaires françaises : Textes critiques... avec un avant-propos et un index musical par Julien Tiersot. Paris, E. Bouillon, 1904, XLIV–522p., musique, 25cm.

DOYON-FERLAND, Madeleine. «Jeux, jouets et divertissement de la Beauce», dans *les Archives de folklore*, publications de l'université Laval, Montréal, Fidès, 1948, vol. III, p. 159-207, ill.

DURAND, Laurent (1629-1708). *Cantiques de l'âme dévote*, dits de Marseille... accommodés à des airs vulgaires. Nouvelle édition augmentée. Paris, Thiériot, 1854, 384p., 17cm. La 4ᵉ éd. est datée de 1688.

ELWERT, Theodor. *Traité de versification française des origines à nos jours*. Paris, Klincksieck, 1965, X–210p., 23cm. (Biblothèque française et romane. Série A — Manuels et études linguistiques, 8).

EURIPIDE (480-406 avant Jésus-Christ). *Les Acharniens*.

FAVART, Charles-Simon (1710-1792). *Théâtre de M. [et Mᵐᵉ] Favart*, ou Recueil des comédies, parodies et opéra-comiques qu'il a donnés jusqu'à ce jour, avec les airs, rondes & vaudevilles notés dans chaque pièce... Paris, Duchesne, 1763-1772, 10 vol., 19¹/₂cm., musique, portr. pl.

FERTIAULT, François (1814-1915). *Histoire d'un chant populaire bourguignon...* Pour les amis de l'auteur. Paris, 1883, 34p+[2]p., 17cm. — 2ᵉ éd., Paris, Bouillon, 1900, 58p., in-4°.

Fleur des chansons amoureuses où sont comprins tous les airs de court [sic], *La*. Recueillis aux cabinets des plus rares poëtes de ce temps. Rouen, Adrian de Launay, 1600, 509p., 16cm. Colophon: Bruxelles, A. Mertens et Fils, 1866. Tiré à cent six exemplaires numérotés.

FOURNEL, Victor (1829-1894). *Les Cris de Paris...* Paris, Firmin-Didot [1887], 221p., ill., 24cm.

FRANK, István, *Répertoire métrique de la poésie des troubadours...* Paris, H. Champion, 1953-1957, 2 vol., 25cm. (Bibliothèque de l'École des hautes études, nᵒˢ 302 et 308).

FRANKLIN, Alfred (1830-1917). Voir LA VILLENEUVE, Guillaume DE.

Friquassée crotestillonnée, La, recueil de dictons, de proverbes et de refrains en usage, au XVIᵉ et au XVIIᵉ siècles, parmi les enfants du peuple, dans la ville de Rouen. Reproduit littéralement d'après l'imprimé de 1607 et accompagné d'une notice, par André Pottier. Rouen, Henry Boisset, 1863, XV–28p., 19¹/₂cm. (Société des Bibliophiles normands). Manuscrit de l'Abbé Raillart (1557).

GADBOIS, l'abbé Charles-Émile. *«Bal chez Boulé»*, paroles DOMISOL, dans *la Bonne Chanson*, Septième Album, 1946, n° 340.

GAGNON, Frédéric-Ernest-Amédée (1834-1915). *Chansons populaires du Canada recueillies et publiées avec annotations*, etc. Québec, Bureau du «Foyer canadien», 1865, VIII–375p., 22cm, musique.— Deuxième édition, Québec, R. Morgan, 1880, XVII–350p., 21¹/₂cm, musique. Les autres éditions sont des réimpressions de la deuxième édition et portent la mention : «conforme à l'édition de 1880».

GENNRICH, Friedrich (1883-   ), édit. *Rondeaux, Virelais und Balladen aus dem ersten Drittel des XIV Jahrhunderts mit den überlieferten melodien.* Desden [und] Göttengen, 1921-1927, 2 vol., musique, 22cm. et 26cm. (Gesellschaft für Romanische Literatur, 43-49).

GIELÉE, Jacquemart (vers 1280). *Renart le nouvel...* Publié d'après le Manuscrit La Vallière (BN fr.25.566), par Henri Roussel. Paris, Éd. Picard, 1961, 364p., 22¹/₂cm. (Société des Anciens Textes français).

GODFREY, W. Earl. *Les Oiseaux du Canada...* Ottawa, 1967, 506p., ill., 69 pl. (col.), 28¹/₂cm. (Musée national du Canada, Bulletin, n° 203).

GOSSELIN, Albertine (1897-1967). [Cahier manuscrit de 137 chansons]. 2ᵉ rang, Sainte-Anselme (Dorchester), 232p. (ms.), 23¹/₂cm.

HARCOURT, Marguerite Béclard D'(1884-1964). *Chansons populaires du vieux Québec.* Paris, Éd. du Magasin Musical, Pierre Schneider [1938], VIII–72p., musique (harmonisation pour piano), 32cm.

HEARTZ, Daniel. «La chronologie des recueils publiés par Pierre Attaingnant», dans *Revue de Musicologie.* Paris, vol. XLIV, 1959, p.176-192.

HÉBERT, Louis (1849-1939). *Cahier manuscrit* d'un étudiant au Séminaire de Québec, vers 1865, retrouvé à Parisville (Lotbinière), Québec [2]p.+p.13–240–[4]p. ms.

HÉLIETTE DE Vivonne (1560-1625). *Poésies de Héliette de Vivonne* attribuées à tort à Madeleine de Laubespine sous le titre de *Chansons de Callianthe,* précédées d'une introduction par Frédéric Lachèvre et suivies de douze Lettres inédites de Pierre Louÿs non envoyées à leurs destinataires. Paris, A. Margraff, 1932, 96p. fac.-sim., 22¹/₂cm.

HENRION, Paul (1819-1901). *Viv' le roi!* Chansonnette, paroles de E. Bourget, musique de Paul Henrion. Mayence et Bruxelles, chez le fils de B. Schoff [s. d.] 4p., 33cm., musique (accomp. pour piano). Lyre française, n° 237.

HERDER, Johann Gottfried von (1744-1803). *Stimmen der Völker in Liedern...* [*Les Voix des peuples en chansons*], Stuttgart, J. G. Gotta, 1846, x–463p. in-16.

——. Nouvelle éd. en 1954 à Leipzig (Reclams Universal-Biblioteck, 7983-87).

——. *Volkslieder*, gesammelt... Leipzig, Gebhardt und Reisland, 1840, 2 vol. in-16.

Insconstant vaincu, L', par Estienne LOISON, 1661.

KASTNER, Georges (1819-1867). *Parémiologie musicale de la langue française...* Paris, Brantus et Dufour [etc.] [1866], xx–663p. et 170 pl. de musique et p.665-682, 28cm., musique. Bibliographie, p.679-682.

——. *Les Voix de Paris.* Paris, Brandus, 1857, VII–127p., 33 pl. (musique), 28cm.

KOHLER, Pierre (1887-   ). «Le problème de la poésie populaire», dans *Mélanges d'histoire littéraire générale et comparée offerts à Ferdinand Baldensperger.* Paris, 1930, vol. II, p.1-18.

KUHFF, Philippe. *Le Livre des mères. Les Enfantines du «bon pays de France»*, berceuse, rondes, noëls, chansons de filerie et brandons, risettes, devinettes, ballades, légendes, romances, amusettes, dictons et quatrains, recueillies par Ph. Kuhff... [Devinettes ou énigmes populaires, recueillies par Eug. Rolland], Paris, Sandoz et Fischbacher, 1878, XVI–396p. in-16.

LACOURCIÈRE, Luc. «Comptines canadiennes», dans *les Archives de folklore,* vol. III, 1948, p. 109-157, musique.

——. «Les écoliers de Pontoises», dans *les Archives de folklore.* Montréal, Fides, 1946, vol. I, p. 176-199, musique).

LAFORTE, Conrad. *Le Catalogue de la chanson folklorique française.* Préf. de Luc Lacourcière. Québec, Les Presses de l'université Laval, 1958, XXIX–397p., 28cm. (Publications des Archives de folklore, université Laval).

LAMBERT, Louis (1835-   ). *Chants et Chansons populaires du Languedoc.* Paris, Welter, 1906, 2 vol., musique, 22¹/₂cm.

LAMBERT, Louis. Voir MONTEL, Achille.

LARUE, François-Alexandre-Hubert (1833-1881). «Chansons populaires et historiques du Canada», dans *le Foyer canadien.* Québec, vol. I, 1863, p. 321-384. La suite sous le titre: «Les chansons historiques du Canada», vol. III, 1865, p.5-72 (tirage à part).

LA VILLENEUVE, Guillaume DE. *Les Crieries de Paris, XIIIe siècle.* (Paris, Bibliothèque nationale, Ms. Fonds Français n° 837). Reproduit dans Alfred FRANKLIN, *la Vie privée d'autrefois...* Paris, Plon, Nourrit et Cie, 1887, vol. II, p.133-145.

LEMAY, R. P. Hugolin-Marie (1877-1938). *Vieux Papiers, Vieilles Chansons.* Montréal, 1936, 193p., 19¹/₂cm. Ouvrage formé de deux articles parus en 1910 et 1913 dans *la Nouvelle-France* sous les titres «Échos héroï-comiques du naufrage des Anglais sur l'Isle-aux-Oeuf en 1711» et «Victoire et chansons».

LE ROUX DE LINCY, Antoine-Jean-Victor (1806-1869), édit. *Recueil de chants historiques francais depuis le XIIe jusqu'au XVIIIe siècle.* Paris, Gosselin, 1841-1842, 2 vol., 19cm. (Bibliothèque d'Élite).

LESAGE, Alain-René (1668-1747) et D'ORNEVAL. *Théâtre de la Foire,* ou L'Opéra comique, contenant les meilleures pièces représentées aux foires de S.-Germain et de S.-Laurent. Paris, E. Ganeau, 1721-1737, 10 vol. in-12, pl. musique.

LOQUIN, Anatole (1834-1907). «Notes et notules sur nos mélodies populaires», dans *Mélusine,* vol. II, 1884-1885, p. 27-30, 61-64, 337-349; vol. III, 1886-1887, p. 1-10.

LOUIS, Maurice. «Les origines préhistoriques de la danse», extrait des *Cahiers de préhistoire et d'archéologie...,* vol. IV, 1955. Tiré à part, 37p.

LUCCA (Toscane, Italie) Biblioteca Governativa. Ms. 2022. (Manuscrit de Lucques). Écrit entre 1567 et 1577.

MACMILLAN, Cyrus (1882-1953). *The Folk Songs of Canada.* Thèse manuscrite, Harvard University, Cambridge, 1909. 2 vol. ms., 28cm.

MARIE-URSULE, Soeur, c.s.j. *Civilisation traditionnelle des Lavalois.* Québec, Les Presses de l'université Laval, 1951, 403p., musique, 24cm. (Les Archives de Folklore, n°s 5-6).

MARMIER, Xavier (1809-1892), *Chants populaires du Nord...* Paris, Charpentier, 1842, LVI-331p., 18cm.

MASSICOTTE, Édouard-Zotique (1867-1947). «Chants populaires du Canada», dans *Journal of American Folklore,* vol. XXXII, n° 123, janvier-mars 1919, p. 1-89, musique.

——. «Cris et types montréalais», dans *le Monde illustré.* Montréal, 7e année, n° 333, samedi 20 septembre 1890, p. 323; n° 334, 27 septembre, p. 342; n° 336, 11 octobre, p. 374; n° 340, samedi 8 novembre, p. 430.

——. «Métiers de la rue», dans *le Monde illustré.* Montréal, 7e année, n° 350, samedi 17 janvier 1891, p. 595; n° 379, 8 août, p. 231.

MAUREPAS, Jean-Frédéric Phélypeaux DE (1701-1781). *Chansonnier de Maurepas XVIIIe siècle (1355-1747),.* 42 vol. ms. (Paris, Bibliothèque nationale, Ms. fonds français 12616-12657). Les Ms. 12656 et 12657 contiennent les airs notés rangés par ordre alphabétique.

MENDÈS, Catulle (1841-1909). *Les plus jolies chansons du pays de France...* Paris, Plon, Nourrit et Cie [1888], 146p., 29cm., ill., musique (accomp. pour piano).

Ministère de l'Instruction publique et des Cultes, Paris. *Bulletin du Comité de la langue, de l'histoire et des arts de la France.* Paris, Imprimerie Impériale, 1854-1860, 4 vol., 23¹/₂cm., ill. (planches). Pour les années 1852-1857.

MOLIÈRE, Jean-Baptiste Poquelin dit (1622-1673). *Le Misanthrope.* 1666.

MONTAIGNE, Michel DE (1533-1592). *Essais.* Livre I, chap. LIV: *Des vaines subtilitez.*

MONTEL, Achille et Louis LAMBERT. *Chants populaires du Languedoc...* Paris, Maisonneuve et Cie, 1880, XI–587p., musique, 23cm. Extrait de la *Revue des Langues romanes.*

MYRAND, Ernest (1854-1921). *Noëls anciens de la Nouvelle-France:* Étude historique... Québec, Dussault et Proulx, 1899, 199p. ill., musique, 23cm.

NERVAL, Gérard DE (1808-1855). *Oeuvres.* [Paris, Gallimard, 1966], 2 vol. (Bibliothèque de la Pléiade). Voir « Sur les chansons populaires», et «Chansons et légendes du Valois».

NODIER, Charles (1780-1844), *Dictionnaire raisonné des onomatopées françaises.* 2e éd. Paris, Delangle, 1828, 403p. in-8°. Déjà paru en 1806 dans le *Bulletin du Bibliophile.*

Nouveau Théâtre italien, Le, ou Recueil général des comédies représentées par les comédiens italiens ordinaires du roi. Nouv. éd. corr. et très augm. et à laquelle on a joint les airs gravés des vaudevilles à la fin de chaque volume... Paris, Briasson, 1753, 10 vol., pl. de musique, 19¹/₂cm.

NYGARD, Holger Olof. *The Ballad of Heer Halewijin...* Helsinki, 1958, 350p., diagr., cartes, 24cm. (F.F. Communications n° 169).

ORAIN, Adolphe-Pierre-Julien (1834-1918). *Chansons de la Haute-Bretagne.* Rennes, H. Caillière, 1902, 432p., musique, 19¹/₂cm. (Bibliothèque du Glaneur Breton, vol. III).

Paris, Bibliothèque nationale, Musique, Rés. Vm. Coirault 1 à 94 (72 ms. entre ces numéros).

PARIS, Gaston (1839-1903). « Belle Aaliz », dans *Mélanges de littérature du Moyen Âge,* publié par Mario Roques. Paris, Champion, 1912, p. 616-624. Déjà paru dans *Mélanges de philologie romane dédié à C. Wahlund,* Mâcon, 1896, p. 1-12.

Parodies du nouveau théâtre italien, Les, ou Recueil des parodies représentées sur le théâtre de l'Hôtel de Bourgogne, par les Comédiens italiens ordinaires du roy. Avec les airs gravés. Nouv. éd. rev., corr. et augm. de plusieurs parodies... Paris, Briasson, 1738, 4 vol. front., pl., 17cm., musique.

Passe-Temps, Le. Montréal, 1895-1946.

PELLEGRIN, Simon-Joseph (1663-1745). *Cantiques spirituels...* 1701.

——. *Chansons spirituelles* sur des airs d'opéras et vaudevilles très connus. 1706 *(Poésies chrétiennes).*

——. *Noëls nouveaux...* 1702.

PETRUCCI, Ottaviano (1466-1539). *Harmonice Musices Odhecaton.* Venise, 1501-1504, 3 vol. (Canti A-B-C). (Premier imprimé de musique.)

PIGUET, Edgar. *L'Évolution de la pastourelle du XII⁰ siècle à nos jours.* Bâle, Helbing & Lichtenhahn, 1927, 207p., 25cm. (Publication de la Société suisse des traditions populaires, 19). Bibliographie, p. 179-206.

PIIS, Antoine-Pierre-Augustin, Chevalier DE (1755-1832), *Théâtre de m. Piis... et de m. Barré...* contenant les opéra-comiques en vaudevilles, et autres pièces qu'ils ont composées en société, pour le Théâtre italien, depuis 1780 jusqu'en 1783. Londres, 1785, 2 vol., 12¹/₂cm.

PINON, Roger. *La Nouvelle Lyre malmédienne* ou, la Vie en Wallonie malmédienne reflétée dans la chanson folklorique. Léau, Impr. Ch. Peeters, 1949 — [en cours] (7 fascicules parus en 1955). Extrait de *Folklore Stavelot-Malmédy,* vol. XIII, 1949, p. 35-66 et suivantes (en cours).

Poésies populaires de la France, 6 vol. (Paris, Bibliothèque nationale, Ms Fonds français, nouvelles acquisitions 3338-3343). Collection dirigée par la Section de Philologie du Comité de la langue, de l'histoire et des arts de la France de 1853 à 1857.

PRÉVOST, Paul-Émile (-1908). *Chansons canadiennes,* paroles et musique par nos canadiens, harmonisées par P.-É. Prévost. Ill. par J.-C. Franchère. Montréal, 1907, 113p. 30cm. ill. musique (accomp. pour piano).

RAUNIÉ, Marie-André-Alfred-Émile (1854-1911), édit. *Recueil Clairambault-Maurepas. Chansonnier historique du XVIII⁰ siècle.* Paris, A. Quantin, 1874-1884, 10 vol., 50 portr. 18cm.

RENART, Jean, vers 1228. *Le Roman de la Rose ou de Guillaume de Dole* édité par Félix Lecoy. Paris, H. Champion, 1963, XXIX–233p., 18¹/₂cm. (Les Classiques français du Moyen Âge, 91). Voir Les pièces lyriques, p. XXII-XXIX.

Renart le nouvel. Voir GIELÉE, Jacquemart.

Revue des traditions populaires, La. Paris, 33 vol. 1886-1918.

RICHEPIN, Jean, 1849-1926, *Contes et Chansons populaires des pays de France,* dans *Journal de l'Université des annales.* Paris, 12⁰ année, 1917-1918 (du 5 déc. 1917 au 1er nov. 1918), ill. musique.

RODRIGUE, Soeur Denise, s.c.i.m. *La Civilisation canadienne-française retracée dans les écrits d'Éd.-Z. Massicotte.* Québec, janvier 1968, XXVI–326p., ms, 28cm. Thèse manuscrite de diplôme d'Études supérieures, faculté des Lettres, université Laval, Sainte-Foy, 1968.

ROLLAND, Eugène (1846-1909). *Rimes et Jeux de l'enfance.* Paris, Maisonneuve, 1883, III–395p., musique, 16¹/₂cm. (Littératures populaires de toutes les nations, vol. XIV.)

Roman de Guillaume de Dole, voir RENART, Jean.

ROSSAT, Arthur, 1858-1918. *Les Chansons populaires recueillies dans la Suisse romande...* Bâle, Société suisse des traditions populaires; Lausane, Foetisch Frères, 1917-1931, 3 vol., musique, 25cm. (Publications de la Société suisse des traditions populaires, 13,21,22). Tome second: 1ère partie et 2ème partie publiées par Edgar Piguet.

SAINTE-BEUVE, Charles-Auguste (1804-1869). «*Jean-Jacques Ampère*», dans AMPÈRE, *Promenade en Amérique*. Nouvelle éd. Paris, M. Lévy, 1874, p.i.-XLIII, portr.

——. *Nouveaux Lundis*. Paris, C. Lévy, 1897, vol. IV, p.132.

Le Second Tome du Concert des enfants de Bacchus. Paris, Charles Hulpeau, 1628, 36p. et [2]p. 14^1/$_2$cm.

——. Paris, Charles Sevestres, 1633, 44p. 16^1/$_2$cm. (Raretés bibliographiques... Bruxelles, Mertens, 1864).

TELLIER. *Chansonnier du chasseur*, par N. Tellier, professeur de trompe. Dédié aux amateurs de la chasse et orné d'un portrait de l'auteur, Paris, Golin [1850], 95p. front. (portr.), musique, 12 x 7cm. Airs de chasse et paroles.

TERRY, Léonard (1816-1882) et Léopold CHAUMONT. *Recueil d'airs de cramignons et de chansons populaires à Liège*. Liège, H. Vaillant-Carmanne, 1889, XV–597p., musique, 23^1/$_2$cm. Extrait du tome V de la 2e série du *Bulletin de la Société liégeoise de littérature wallonne*.

THOMPSON, Stith (1885-   ). Voir AARNE, Antti Amatus, 1867-1925.

TIERSOT, Julien (1857-1936). *Mélodies populaires des Provinces de France* recueillies et harmonisées par Julien Tiersot. Paris, Heugel, [1887-1928], 10 vol. (ou séries), 27^1/$_2$cm. musique (accomp. pour piano).

TRÉBUCQ, Sylvain. *La Chanson populaire et la Vie rurale des Pyrénées à la Vendée*. Bordeaux, Féret et fils, 1912, 2 vol. musique, 25cm.

VADÉ, Jean-Joseph (1719-1757). *Oeuvres de M. Vadé*, ou Recueil des opéra-comiques, parodies et pièces fugitives de cet auteur, avec les airs, rondes et vaudevilles notés, nouvelle éd. Paris, N.-B. Duchesne, 1758, musique, 4v. in-8^0.

——. *Oeuvres complètes de Vadé*, avec les airs notés à la fin de chaque volume. Genève, 1777, 4v. in-12^0, portr. musique.

VAN GENNEP, Arnold (1873-1957). *Musique et Chansons populaires*. Dans *Manuel de folklore français contemporain*. Tome 4, 1938, p.768-812. Bibliographie n°s 4651-5044.

VERNILLAT, France, voir BARBIER, Pierre.

VERRIER, Paul-Isidore (1860-   ). *Le Vers français...* Paris, H. Didier, 1931-1932, 3 vol. 25cm. (Bibliothèque de la Société des amis de l'Université de Paris, I-III).

VIGER, Jacques. *Ma Saberdache*. (Archives du Séminaire de Québec.) Voir Fernand OUELLET, «Inventaire de la Saberdache de Jacques Viger», dans *Rapport de l'archiviste de la Province de Québec pour 1955-1957*, vol. XXXVI-XXXVII, p.32-176.

VILLON, François, 1432-1465. Dans *Poètes et romanciers du Moyen Âge*. Texte établi et annoté par Albert Pauphilet. [Paris, Gallimard, 1952], p.1133-1223. (Bibliothèque de la Pléiade).

WECKERLIN, Jean-Baptiste-Théodore (1821-1910). *La Chanson populaire*. Paris, Firmin-Didot, 1886, XXXI+207p. musique, 26cm.

AUTRES OUVRAGES CONSULTÉS

ARBAUD, Damase. *Chants populaires de la Provence*, recueillis et annotés... Aix, Makaire, 1862-1864, 2 vol. musique, 19cm. (Bibliothèque provençale, 4-5).

BARBEAU, Charles-Marius (1883-1969). *Nos traditions à l'Université*. (Dans *Journal of American Folklore*, vol. LXVII, 1954, p.199-211).

BAUD-BOVY, S. *Chansons du Dodécanèse*. Athènes, Sidéris, 1935. Voir *Introduction*, vol I, p.XIII-XXIX;

BÉLANGER, JEANNINE. *La Césure épique dans nos chansons populaires*, par Jeannine Bélanger avec le concours de Marius Barbeau, dans *Les Archives de Folklore*, 1946, vol. I, p.131-152, musique.

——. «Laisse épique dans nos chansons», dans *Culture*, Québec, vol. IV, 1943, p.48-54.

——. «Une corde oubliée de notre lyre» dans *Mémoire de la Société royale du Canada*, 3e série, vol. XXXVI, 1942, section I, p. 13-24.

BRĂILOIU, Constantin. *Opere I*. Traducere şi prefasa de Emilial Comişel. Bucureşfi. Editura Muzicală a Uniunii compozitorilor din Republica Socialistă România, 1967, vol. I (355p.), musique, 23^1/$_2$cm.

BRASSARD, François. *Chansons d'accompagnement*, dans *Journal of International Folk Music Council*, vol. II, 1950, p.45-47).

GENNERICH, Friedrich. *Grundriss einer Formenlehre des mittel-alterlichen Liedes* als Grundlage einer musikalischen Formenlehre des Liedes... Halle (Saale), Max Niemeyer Verlag, 1932, XIII+288p. 24cm. pl. (dépl.), musique.

GÉROLD, Théodore. *Chansons populaires des XVe et XVIe siècles avec leurs mélodies.* Strasbourg, Heitz [1913] (Bibliothéca Romanica, 190, 191, 192). Voir *Introduction,* p.V-LII, musique.

GÖTZE, Alfred-August Woldemar (1876-   ). «Begriff und Wesen des Volksliedes», dans *Germanisch-Romanische Monatsschrift,* 1912, p.74-95.

HERZOG, George. «*Song:* folk song and the music of folk song», dans *Funk & Wagnalls Standard Dictionary of Folklore Mythology and Legend.* Maria Leach, editor, New York, vol. II, p.1032-1050.

International Catalogue of Recorded Folk Music. With a preface by R. Vaughan Williams and Intr. by Maud Karpeles, London, Published by the International Folk Music Council in association with the Oxford University Press for Unesco, 1954, XII+201p. Norman Fraser, editor.

International Folk Music Council. *Mémorandum sur le cataloguement et la classification des enregistrements sonores de musique populaire.* [1956] 5p. 25¹/₂cm., ms. dactylographié.

JEANROY, Alfred. *Les Origines de la poésie lyrique en France au Moyen Âge.* Paris, Hachette, 1889, 523p. in-8^c. 3e éd. Paris, Champion, 1925.

KASTNER, Georges. «Der refrain», dans *Gazette musicale de Paris...* 23 et 30 décembre 1849, n°s 49-65.

LACROIX-NOVARO, Yves. «La Carole, ses origines», dans *Revue de musicologie,* 19e année, n° 53, février 1935, p.1-26.

LEVY, Paul, *Geschichte des begriffes volkslied, Von Paul Levy.* Berlin, Mayer & Müller, 1911. VI-198p. 22cm. (Added t.-p.: Acta germanica. Organ für deutsche philologie... bd. VII, hft 3).

LOTE, Georges. *Histoire du vers français...* Paris, Boivin et cie, 1949-1951, 2 vol., ill., musique.

MARCEL-DUBOIS, Claudie, «Folk Music»: French [par] C.M.-D., dans *Grove's Dictionary of Music and Musicians.* Fifth edition, Edited by Eric Blom. London, MacMillan & Co Ltd. 1954, vol. III, p. 239-259, musique, bibl. p. 259.

MARINUS, Albert. «Chanson populaire — chanson folklorique», dans *Journal of the International Folk Music Council,* vol. VI, 1954, p. 21-25.

——. *Le Cheminement de la pensée folklorique.* [Udine, Del Bianco, 1962] 21p., 25cm. Estratto da «Tradizioni» I (1961) 2, 3; II (1962), 1.

MARTINON, Ph. *Les Strophes,* étude historique et critique sur les formes de la poésie lyrique en France depuis la Renaissance, avec une bibliographie chronologique et un répertoire général. Paris, Champolion, 1912, 616p.

MILÀ Y FONTANALS, Manuel (1818-1884). *Observaciones sobre la poesia popular.* Barcelone, 1853, 1 vol.

——. *Romancerillo catalàn, canciones tradicionales.* 2e éd. refundida y aumentada. Barcelona, A. Verdagner, 1882, XVII-456p., 22cm., musique. Sous-titre: Estudias de poesia popular. Reprise de *Observaciones sobre la poesia popular...* Cf. Prologo, p. XII.

NICULESCU, Radu. «Privire critica asuppra unor procedee actuale de sistematizare și clasificare a liricii populare», dans *Revista de ethnografie și folklor.* Bucuresti, vol. XIV, n° 3, 1969, p. 207-227. Extras, 17p.

PARIS, Gaston (1839-1903). «De l'étude de la poésie populaire en France», dans *Mésuline.* Paris, vol. I, 1878, p. 1-6. Extrait de la *Revue Critique,* 22 mai 1866.

PINON, Roger, comp. *Chansons populaires de la Flandre Wallonne,* recueillies en majorité par Léon Maes et Maurice Vaisière, publiées et commentées par Roger Pinon. Bruxelles, 1965, 2 fascicules 344p., musique, 24cm. (Ministère de l'éducation nationale et de la culture. Commission royale de folklore).

ROSIÈRES, Raoul. «Le refrain dans la littérature au Moyen Âge», dans *Revue des traditions populaires,* 1888, vol. III, p. 1-6; 82-95.

ROSSAT, Arthur. *La Chanson populaire dans la Suisse romande.* Bâle, Société suisse des traditions populaires; Lausane, Foetisch Frères, 1917, VIII-219p., musique, 25cm. (Publications de la Société suisse des traditions populaires, 14). Bibliographie, p. V-VIII.

ROY, Mlle Carmen. *La Littérature orale en Gaspésie.* Ottawa, 1955, p. 284-380. (Canada, Musée national du Canada, Bulletin n° 134).

SEARS, Minnie Earl. *Song Index*; an index to more than 12 000 songs in 177 songs collections, comprising 262 volumes... New York, Wilson, 1929, xxii–650p., 26cm. (Standard Catalog Series).— *Supplement...* 1934.

THURAU, Gustav (1863-1918). *Der Refrain in der Französischen Chanson*. Berlin, F. Felber, 1901, xxv–494p., ill., musique, 21cm.

——. *Beiträge zur Geschichte und Chanrakteristik des Refrains in der französichen Chanson*. Thèse de Weimar, 1899, 47p., 21cm.

TIERSOT, Julien. *Histoire de la chanson populaire en France...* Paris, Plon, Nourrit-H. Heugel, 1889, viii–543p., musique, 24cm.

INDEX DES TITRES DE CHANSONS

Les titres sont tirés du *Catalogue de la chanson folklorique française*, sauf ceux qui sont précédés d'un astérisque.

INDEX DES NOMS PROPRES

INDEX ANALYTIQUE

TABLE DES MATIÈRES

LES ARCHIVES DE FOLKLORE
(suite)

N° 11 : *Le Vaisseau Fantôme. Légende étiologique*, Catherine JOLICOEUR. 7½ × 9½, x – 338 p., 1 carte, 1970, broché, $10.

N° 12 : *La Fille aux mains coupées (conte-type 706)*, Hélène BERNIER. 7½ × 9½, XII – 194 p., 3 cartes, 1 schéma, 1971, broché, $10.

N° 13 : *Rabelais et les traditions populaires en Acadie*, Antonine MAILLET. 7½ × 9½, x – 204 p., broché, $8.

N° 14 : *La Mensongère (conte-type 710)*, Nancy SCHMITZ, 7½ × 9½, XIV – 312 p., hors-texte, broché, $12.

N° 15 : *Évolution de la maison rurale traditionnelle dans la région de Québec (Étude ethnographique)*, Georges GAUTHIER-LAROUCHE. 7½ × 9½, XII – 324 p., 142 illustrations, hors-texte, broché, $15.75.

N° 16 : *Chansons de Shippagan* recueillies par Dominique GAUTHIER, transcription musicale de Roger MATTON. 7¹/₂ × 9¹/₂, XXVIII – 178 p., carte, broché, $12.

N° 17 : *Poétiques de la chanson traditionnelle française*, Conrad LAFORTE. 7¹/₂ × 9¹/₂, XII – 164 p., broché.

ACHEVÉ D'IMPRIMER
LE TROIS MARS MIL NEUF CENT SOIXANTE-SEIZE
AUX ATELIERS DE L'ACTION SOCIALE
3 PLACE JEAN-TALON, QUÉBEC
POUR LE COMPTE DES
PRESSES DE L'UNIVERSITÉ LAVAL
QUÉBEC (10e)